Alle Altersstufen

Christina Grünig

Hundgestützte Sprach- und Leseförderung

Planungen von Sprach- & Leseförderstunden

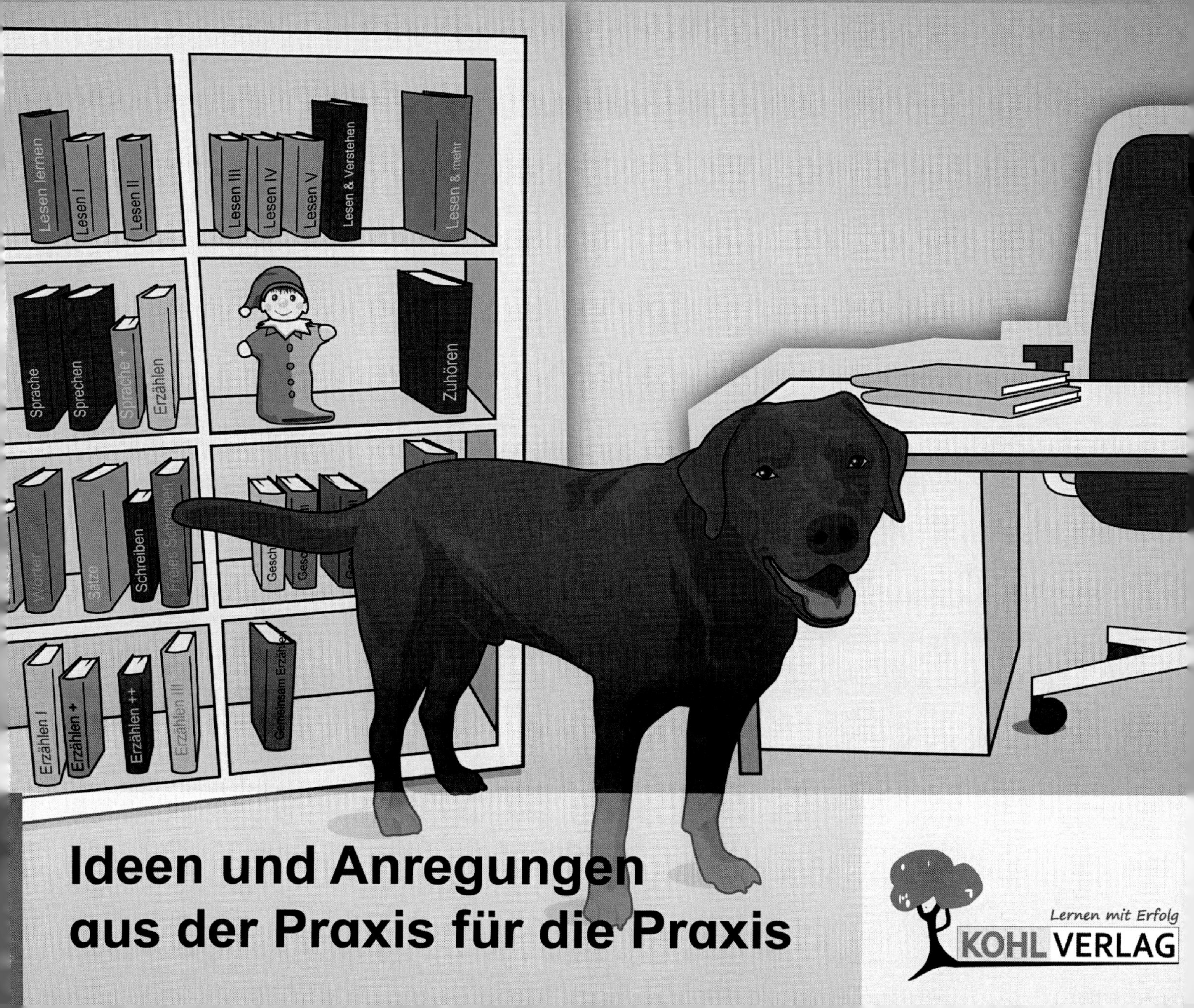

Ideen und Anregungen aus der Praxis für die Praxis

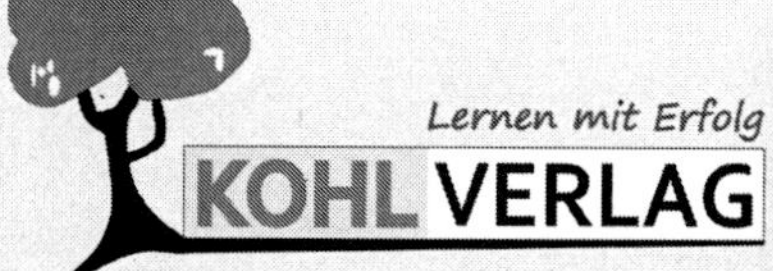

Hundgestützte Sprach- und Leseförderung

Ideen und Anregungen aus der Praxis für die Praxis

16. Auflage 2026

Inhalt: Christina Grünig
Illustrationen: Stephan Merkle, Frankfurt am Main
Fotos: Christina Grünig & fotolia.com
Redaktion: Kohl-Verlag
Grafik & Satz: Kohl-Verlag
Druck: Druckerei Flock, Köln

Bestell-Nr. 11 756

ISBN: 978-3-95686-745-3

Weitere Bildquellen:

hpunkt_de, jadodka, yod77, Igor Normann, Kheng Guan Toh, lantapix, frilled_dragon, sabine voigt, scusi, Klara Viskova, strauchburg.de, yod77, G. Schwarz, iconshow, Primalux, naddya, womue, bofotolux, karandaev, SMR, Janis Smits, Africa Studio, ladymoi, koft, ullrich, jagodka, Eric Isselée - alle fotolia.com

Kontakt: Kohl-Verlag, An der Brennerei 37-45, 50170 Kerpen
Tel: +49 2275 331610, Mail: info@kohlverlag.de

Inhalt

Vorwort

Liebe Kolleginnen und Kollegen,

das Bild eines glücklichen Kindes, welches die meisten von uns im Kopf haben, ist das eines lachenden, fröhlichen, spielenden und von Fantasie übersprudelnden Kindes, das sich in einer „sorgenfreien Bilderbuchwelt" befindet.

Erinnere ich mich an meine eigene Kindheit, so assoziiere ich diese mit Begriffen wie Ausgelassenheit und Sorglosigkeit, denke an den Umgang mit meinen Haustieren, an die Kinderbücher, die sich in meinem Zimmer türmten und an die positiven Erfahrungen aus meiner Schulzeit. Aber was ist nun mit Kindern, die später nicht diese inneren Bilder abrufen können? Kinder, die nicht gerne zur Schule gehen, weil sie dort an ihre Grenzen stoßen; Kinder, die keine Fantasiereise in die Welt der Bücher machen können? Wie müssen sich Kinder fühlen, die in der Schule an grundlegenden Dingen wie dem Sprach- und/oder Schriftspracherwerb scheitern?

Wir alle wissen, eine gute Sprach- und Lesekompetenz ist eine wesentliche Voraussetzung für den Erwerb von Bildung und Wissen. Leider gestaltet sich besonders der Schriftspracherwerb auch unter Berücksichtigung diverser pädagogischer Hilfen und Methoden oftmals so schwierig, dass zahlreiche Kinder im Laufe der Grundschulzeit nicht sicher lesen lernen. So müssen sich dann irgendwann Zehnjährige mit Texten, die sich eigentlich an Schulanfänger richten, auseinandersetzen. Dass dies die Lese- und Schreibmotivation nicht gerade fördert, ist nachvollziehbar. Hier spätestens beginnt der Teufelskreis aus mangelnden grundlegenden Kompetenzen, fehlender Motivation und hoher Frustration. Weitere zusätzliche Angebote oder Fördermaßnahmen für die Kinder werden nur allzu häufig eher teilnahmslos absolviert, vorhandene Ressourcen wie altersspezifisches Interesse, Neugierde und viel Zugewandtheit in der individuellen Kommunikation mögen sogar leiden.

Dem möchte ich begegnen, indem ich den Erfolgen der hundgestützten Sprach- und Leseförderung vertraue.

Was kann man tun, wenn bereits Zehnjährige jegliche Motivation verloren haben?

Aus eigener Erfahrung weiß ich, was ich tat, wenn mich etwas bedrückte oder ich unmotiviert war, bestimmte Dinge zu erledigen. Ich ging zu meinem Hund, denn er schaffte es oftmals nur durch seine Anwesenheit und seine Blicke mich immer wieder aufs Neue zu motivieren.

Aufgrund dieser Überlegungen kam mir die Idee, ein Förderkonzept zur hundgestützten Sprach- und Leseförderung mit meinem Labrador Mogli zu entwickeln.

Einem Hund etwas zu erzählen oder vorzulesen, der einfach nur zuhört und zuschaut, nicht kritisiert, sondern versteht und Ruhe ausstrahlt, dies ist vielleicht der Schlüssel zum Erfolg. Der Schlüssel, um das für diese Kinder verschlossene Tor in die Welt der Sprache zu öffnen.

Viel Erfolg und Spaß beim Einsatz dieses Buches in Schule und Unterricht wünschen Ihnen das Team des Kohl-Verlages und Ihre

Christina Grünig

Christina Grünig ist Förderschullehrerin an der Freiherr-von-Schütz-Schule in Bad Camberg. Seit 2010 setzt sie ihren Labrador Mogli in der Sprach- und Leseförderung ein und arbeitet mit ihm überwiegend in der Einzel- und Kleingruppenförderung.

Weitere Informationen unter www.logo-hund.de.

Didaktische Überlegungen

Dieses Buch soll interessierten Pädagogen, Erziehern und Therapeuten eine praxisnahe Anleitung für die Arbeit mit dem Hund in den Bereichen Sprach- und Leseförderung geben. Der theoretische Teil zu den Rahmenbedingungen und Richtlinien ist in diesem Praxisbuch nur oberflächlich angerissen. Als Grundlagenliteratur zum Bereich hundgestützte Pädagogik sind besonders die Bücher „Hunde im Schulalltag“ *(Reinhardt Verlag)*, „HuPäSch“ *(Books on demand)* und „Der Schulhund“ *(Kynos Verlag)* zu empfehlen. Auch im Kohl-Verlag ist ein Werk zur hundgestützten Pädagogik erschienen *(„Co-Pädagoge Hund“, Best.-Nr. 11348)*, welches über Voraussetzungen und Grundlagen informiert.

Gezielt zu den Grundlagen hundgestützter Leseförderung empfehle ich das Buch „Leseförderung mit Hund“ *(Reinhardt Verlag)*.

Mir ist es ein besonderes Anliegen, viele praxisnahe Tipps und Fördervorschläge für die Einzel- und Kleingruppenförderung zu geben, die leicht umzusetzen sind und zu den gewünschten Erfolgen führen können.

Theoretische Grundlagen des Sprach- und Schriftspracherwerbs sowie Basiswissen in tiergestützter Pädagogik werden vorausgesetzt.

Die Praxiskartei ist in die Bereiche Sprach- und Leseförderung untergliedert, welche sich wiederum aus verschiedenen Modulen zusammensetzen. Die Sprachförderung unterteilt sich in die Module Förderung auf phonetisch-phonologischer Ebene, Förderung auf semantisch-lexikalischer Ebene und Förderung auf morphologisch-syntaktischer Ebene. Zur Leseförderung gehören die Module Förderung der phonologischen Bewusstheit, Förderung der Synthese, Förderung auf Ganzwortebene und Lesen durch Schreiben. Zu jedem Modul sind verschiedene Übungen in tabellarischer Form aufgeführt. Ist zu einer Übung eine Kopiervorlage vorhanden, wird in der Tabelle darauf verwiesen. Die Tabellen sind in die Punkte Material, Kopiervorlagen, Voraussetzungen Hund, Ablauf und besonderer Hinweis untergliedert. Die ausgewählte Darstellungsform hilft, zügig die passende Übung zu finden.

Dieses Buch ist ein praktischer Begleiter aus der Praxis für die Praxis und soll zu vielen kleinen Erfolgserlebnissen verhelfen.

Aus Gründen der besseren Lesbarkeit wird bei Sammelbegriffen die grammatikalisch maskuline Form verwendet.

1 Theoretische Grundlagen tier- und hundgestützter Pädagogik

In diesem Kapitel werde ich einen kurzen Überblick über die theoretischen Grundlagen tiergestützter Pädagogik geben. Das Kapitel bietet keinesfalls eine vollständige Zusammenfassung aller zu beachtenden Vorschriften, Besonderheiten oder wissenschaftlichen Studien zur tiergestützten Pädagogik.

1.1 Begrifflichkeiten der theoretischen Grundlagen tiergestützter Pädagogik

Da die tiergestützte Therapie und Pädagogik zuerst im anglo-amerikanischen Raum erprobt und angewandt wurde, stammen viele wissenschaftliche Erkenntnisse aus den USA. Hier erarbeitete die Delta Society (The Human-Animal Health Connection[1] – Zusammenschluss von Wissenschaftlern, Tierbesitzern, Tiertrainern, Psychologen etc.) bereits in den 1970er Jahren Kriterien zur Definition tiergestützter Interventionen. Es werden zwei Bereiche tiergestützter Interventionen unterschieden, die Animal-Assisted-Activities (AAA) und die Animal-Assisted-Therapy (AAT), die seit 1996 offiziell anerkannt sind. Die AAA ist eine unterstützende Intervention mit Hilfe eines Tieres, die AAT hingegen hat das Tier als integralen Bestandteil[2].

Die International Society for Animal Assisted Therapy (ISAAT) und die European Society for Animal Assisted Therapy (ESAAT) haben für die Praxis tiergestützter Interventionen gemeinsam Kriterien für eine Qualitätssicherung erarbeitet und veröffentlicht. Aus- und Weiterbildungen auf dem Gebiet der tiergestützten Therapie sollen einheitlicher gestaltet werden und bestimmten Standards unterliegen[3].

Eine Arbeitsgruppe der IAHAIO (International Association of Human-Animal Interaction Organizations) entwickelte international anerkannte Definitionen verschiedener Bereiche von tiergestützten Interventionen, welche in der Fachzeitschrift tiergestützte (1/2016) in deutscher Sprache formuliert nachzulesen sind *(IAHAIO Weissbuch 2014, Definitionen der IAHAIO für tiergestützte Interventionen und Richtlinien für das Wohlbefinden der beteiligten Tiere- PD Dr. Andrea Beetz, Dr. Karin Hediger, Prof. Dr. Dennis Turner)*. Weitere Informationen unter www.iahaio.org.

[1] weitere Informationen unter: www.deltasociety.org; www.petpartners.org
[2] vgl. Vernooij/Schneider: Handbuch der … , S. 30 ff.
[3] weitere Informationen unter: *www.esaat.org* und *www.aat-isaat.org*

Unterschieden werden Tiergestützte Interventionen (TGI), Tiergestützte Therapie (TGT), Tiergestützte Pädagogik (TGP) und Tiergestützte Aktivitäten (TGA).

Ich beziehe mich hier auf die Definition des Begriffs der TGP, welcher verdeutlicht, dass es sich um eine zielgerichtete, geplante und strukturierte Intervention handelt. Durchgeführt wird diese Intervention von einer Person mit Abschluss in allgemeiner Pädagogik oder Sonderpädagogik. Wissen über das beteiligte Tier muss vorhanden sein. TGP von Sonder- oder Heilpädagogen durchgeführt, wird auch als therapeutische, zielgerichtete Intervention angesehen. Schwerpunkte liegen auf der Verbesserung pro-sozialer Fertigkeiten und kognitiver Funktionen. Ein Beispiel für TGP ist die ***hundgestützte Leseförderung***. Fortschritte sollten immer angemessen dokumentiert werden.[4]

Bezieht man sich innerhalb der Begrifflichkeiten konkret auf die Arbeit mit Hunden, wird der Begriff der hund(e)gestützten Pädagogik verwendet. Beetz definiert diesen Begriff wie folgt:

> *„Hundegestützte Pädagogik wird von einer Fachkraft mit einer pädagogischen bzw. heil-/sonder-/sozialpädagogischen Ausbildung und entsprechendem Fachwissen über Hunde durchgeführt. Die Intervention ist auf ein pädagogisches Ziel ausgerichtet, welches Bildung und/oder Erziehung betrifft. Die eingesetzten Hunde werden speziell für den Einsatz mit Menschen sozialisiert und ausgebildet[5].“*

Weiterhin unterscheidet sie die Begriffe *Schulhund* und *Schulbesuchshund*. Der *Schulhund* verbringt regelmäßig Zeit im Unterricht und wird von einer Lehrperson geführt, die für den pädagogischen Einsatz mit Hund ausgebildet ist. Der Hund ist für diesen Einsatz entsprechend ausgebildet und wird regelmäßig auf seine Eignung am Einsatzort Schule überprüft. Wichtige Zielsetzungen sind die Verbesserung des sozialen Klassengefüges, eine Verbesserung der Lehrer-Schüler-Beziehung oder der individuellen sozialen Schülerkompetenz.
Schulbesuchshunde hingegen werden von einer externen Begleitperson geführt, die für den pädagogischen Hunde-Einsatz ausgebildet ist. Auch diese Hunde werden auf ihre Eignung getestet, ausgebildet und in regelmäßigen Abständen überprüft. Meist geht es um die Vermittlung von Wissen über das Tier Hund oder den Tierschutz.[6]

Speziell zur Thematik Leseförderung mit Hund unterscheidet man *Lesen mit Hund* und *Leseförderung mit Hund bzw. hundgestützte Leseförderung.*

[4] vgl. tiergestützte 1/2015, S. 41
[5] Beetz: Hunde im ... , S. 15
[6] vgl. Beetz a.a.O., S. 15 f.

Zum besseren Verständnis sind die Unterschiede tabellarisch angeordnet.[7]

Lesen mit Hund	Leseförderung mit Hund/ Hundgestützte Leseförderung
• Tiergestützte Aktivität • Meist ehrenamtlich • Meist kein päd. Hintergrund • Leselernhund-Team hat mind. ein einführendes Training erhalten	• Tiergestützte Pädagogik/Intervention • Pädagogische Ausbildung • Kenntnisse über Leseförderung/ Fachwissen über Hunde • Ausgebildetes Mensch-Hund-Team
Ziele: Förderung der Lesekompetenz über emotionale und motivationale Komponenten	Ziele: Verbesserung der Lesekompetenz, Erwerb von Lesefähigkeit

Weitere Informationen sind nachzulesen in „Leseförderung mit Hund“ *(Reinhardt Verlag)*.

1.2 Rahmenbedingungen während der Arbeit mit einem Hund

Eine eindeutige Aussage, welche Hunderasse für die pädagogische Arbeit besonders geeignet ist, lässt sich nicht treffen. Einigkeit besteht unter anderem über die Wichtigkeit eines guten Gesundheitszustandes, eines freundlichen Wesens und Spaß und Freude am Umgang mit Kindern.
Weiterhin sollte der Hund wenig stressempfindlich sein.
Karin Freund führte im Jahr 2013 eine Befragung zu spezifischen Verhaltenseigenschaften verschiedener Hunderassen und deren Eignung für tiergestützte Interventionen in Deutschland, Österreich und der Schweiz mit einer Rücklaufquote von 305 Fragebögen durch. Nach dieser Befragung ist der Labrador der beliebteste Hund für den Bereich der tiergestützten Interventionen *(für weitere Informationen: tiergestützte 2/2013, S. 13-17)*.

Insgesamt muss man an dieser Stelle jedoch erwähnen, dass es die klassische *Schulhundrasse/den klassischen Schulhund* nicht gibt.
Speziell für die Eignung des Hundes für den pädagogischen Einsatz in der Leseförderung hat Dr. Andrea Beetz in Anlehnung an Lydia Agsten folgende Punkte als wichtig aufgelistet:

- ruhiges und freundliches Wesen
- am Menschen orientiert und interessiert
- absolut verträglich mit Kindern
- geringe aggressive Ausstrahlung
- guter Grundgehorsam
- geringe Stressempfindlichkeit
- geringe Geräuschempfindlichkeit
- nicht ängstlich und unsicher
- körperlich weitgehend gesund
- gefestigtes Wesen[8]

[7] vgl. Beetz/Heyer: Leseförderung mit ... , S. 14 f.
[8] vgl. Beetz/Heyer a.a.O., S. 87

Hundgestützte Sprach- und Leseförderung
Ideen und Anregungen aus der Praxis für die Praxis – Bestell-Nr. 11 756

In Deutschland gibt es nach wie vor noch keine anerkannte, gesetzlich vorgeschriebene Ausbildung, die ein Hund und sein Besitzer durchlaufen müssen, um gemeinsam beispielsweise in der Schule zu arbeiten. Dies birgt hinsichtlich der Unfallprävention große Gefahren, da auch nicht ausgebildete Hunde und Hundeführer oder nicht geeignete Hunde in Schulen eingesetzt werden. Das stellt nicht nur für Lehrer und Schüler eine Gefahr (z.B. Stürze oder Beißunfälle) sondern auch, unter anderem durch Nichtbeachten von Stresssignalen, gesundheitliche Risiken für den Hund dar.

Speziell in der Weiterbildung Hundegestützte Pädagogik für Schulhunde-Teams hat sich Lydia Agsten mit ihrem Weiterbildungszentrum ColeCanido spezialisiert.

Weiterhin wurden aktuell vom Arbeitskreis Schulhund-Team-Ausbildung Richtlinien für eine qualifizierte Schulhund-Team-Weiterbildung sowie Richtlinien für einen qualifizierten Schulhund-Team-Einsatz zusammengestellt. Diese sind unter *schulhundweb.de* nachzulesen.

Bereits seit 2008 gibt es die vom Fachkreis Schulhunde Kassel erarbeitete freiwillige Selbstverpflichtung, welche verschiedene Punkte, unter anderem zu den Aspekten Weiterbildung, Hygienebestimmung und Einsatz auflistet, die während der Arbeit mit einem Hund unbedingt eingehalten werden sollten.

Dies alles soll ein qualitativ gutes Arbeiten innerhalb der hundgestützten Pädagogik gewährleisten. Weitere Informationen unter: colecanido.de; schulhundweb.de.

Eine fundierte Ausbildung des Teams Hundeführer-Hund ist enorm wichtig, da innerhalb der hundgestützten Pädagogik der Blick immer gestärkt auf das Kind und dessen spezielle Bedürfnisse gerichtet sein sollte.

Der Einsatz des Hundes sollte stets tierschutzgerecht geplant werden, dass keine Stresssituation entsteht. Ist dies dennoch der Fall, sollte diese sofort erkannt und der Hund aus der belastenden Situation herausgenommen werden.

Die Tierärztliche Vereinigung für Tierschutz e.V. hat Merkblätter zur Nutzung von Tieren im sozialen Einsatz herausgegeben (Merkblatt 131, auch speziell zum Hund – Merkblatt 131.4). In diesen Merkblättern sind Einsatzkriterien wie beispielsweise Voraussetzungen für den Einsatz, Bedingungen, Ausgleich oder Einsatzhäufigkeit angegeben (weitere Informationen unter *www.tierschutz-tvt.de*).

Beetz und Heyer listen in ihrem Buch speziell Punkte zur Ausbildung zum Leselernhund-Team auf, welche sich in die theoretische Ausbildung des Pädagogen bzw. Ehrenamtlichen, die theoretische hundespezifische Ausbildung des Pädagogen bzw. Ehrenamtlichen und die gemeinsame praktische Ausbildung des Leselernhund-Teams untergliedern.[9]

[9] vgl. Beetz/Heyer a.a.O., S. 91

Hundgestützte Sprach- und Leseförderung
Ideen und Anregungen aus der Praxis für die Praxis – Bestell-Nr. 11 756

Ich arbeite seit 2010 mit Labrador Mogli in der Schule. Auch Lydia Agsten beschreibt in ihrem Buch über hundgestützte Pädagogik (HuPäSch) die erfolgreiche Arbeit Bernd Retzlaffs, der seine Labradorhündin mit in die Schule nahm und als einer der ersten tiergestützt in deutschen Schulen arbeitete[10].

Nach der Pisastudie hat sich in Deutschland allgemein ein Wandel im Bereich der Schulgesetze vollzogen. Immer mehr Schulen dürfen eigenverantwortlich handeln, was für den Einsatz von Hunden in der Schule nicht immer vorteilhaft ist, da auch nicht weitergebildete Schulhund-Teams in Schulen arbeiten können.

Die Regelungen, was beim Einsatz eines Hundes in der Schule beachtet werden muss, sind von Bundesland zu Bundesland unterschiedlich. Allgemeine Bedingungen für den Einsatz hat Lydia Agsten in ihrem Buch „HuPäSch" aufgelistet, beispielsweise die Zustimmung der Schulgremien, die Information der Eltern, der Schulaufsicht, der Haftpflichtversicherung oder des zuständigen Gesundheitsamtes. Zusätzliche Informationen sind nachzulesen in „Hunde im Schulalltag" *(Reinhardt Verlag)* oder unter www.schulhundweb.de.

Auch innerhalb meiner Arbeit mit Mogli war, neben vielen weiteren zu berücksichtigenden Aspekten, die Befürwortung durch die Schulleitung und verschiedene Konferenzen zunächst ausschlaggebend. Die Genehmigung der Schulleitung ist zusätzlich an einen Hygieneplan gebunden, welcher speziell verfasst wurde. Dieser soll eine mögliche Infektionsübertragung vom Hund auf den Menschen und umgekehrt minimieren. Er basiert unter anderem auf rechtlichen Grundlagen des Infektionsschutzgesetzes. Weitere detaillierte Informationen zu allgemeinen Hygienebestimmungen sind nachzulesen in der Handreichung zur Planung Tiergestützter Therapie aus hygienischer Sicht – Tiere in Einrichtungen des Gesundheitsdienstes und der Pädagogik – vom Institut Schwarzkopf (www.institutschwarzkopf.de). Zusätzlich ist ein Nachweis der Tierhalterhaftpflichtversicherung, welche auch den Einsatz in der Schule abdeckt, nachzuweisen.

Als weitere wichtige Rahmenbedingung ist die Information der Eltern anzusehen. Eine qualifizierte Information der Eltern durch Gespräche, Informationsschreiben und Einverständniserklärungen (zwingend) erleichtert das Arbeiten sehr.

Der Elternkontakt im Rahmen meiner Förderung setzt sich bei Bedarf aus einem persönlichen Gespräch in der Schule, Elternbriefen sowie Telefongesprächen zusammen.

In meiner Unterrichtspraxis hat sich gezeigt, dass nicht allein die Zustimmung der Schulleitung und der Eltern ein wichtiger Aspekt für den Einsatz von Hunden in der Schule ist. Auch die räumlichen und zeitlichen Strukturen müssen so geschaffen sein, dass ein Hund problemlos eingesetzt werden kann. Die Schulleitung der Freiherr-von-Schütz-Schule stellte mir einen speziell für die hundgestützte Förderung vorgesehenen Raum zur Verfügung.

Ich richtete mir diesen Raum mit verschiedenen Arbeits- und Ruhezonen ein und gewöhnte Mogli langsam an die neue Umgebung. Die nachfolgenden Fotos zeigen den Förderraum für die hundgestützte Sprach- und Leseförderung an der Freiherr-von-Schütz-Schule *(siehe nächste Seite)*:

[10] vgl. Agsten, L.: HuPäSch …, S. 32

Lesen mit Mogli

Im Förderraum besteht die Möglichkeit, auf dem Sitzkissen zu liegen und zu lernen, auf dem Boden zu arbeiten sowie Arbeiten am Tisch zu erledigen. Es soll keine typische schulische Atmosphäre herrschen und die Schüler können selbst entscheiden, wo sie lernen möchten. Dies alles ist notwendig, um das Sprechen und Lesen wieder mit etwas Positivem zu verbinden.
Mogli hat die Möglichkeit im Hundekorb zu liegen, unter dem Tisch oder in einer abschließbaren großen Hundebox.
Um auf die zeitlichen Rahmenbedingungen einzugehen, ist es wichtig zu erwähnen, dass eine Förderstunde 45 Minuten umfasst. Da diese Art der Förderung für Kind und Hund sehr intensiv sein kann, ist dieser zeitliche Rahmen durchaus ausreichend und korrespondiert mit den üblichen Zeitfenstern für logopädische Förderung.
Auch für den Hund kann Schule extrem anstrengend sein. Ein Hund hat andere kognitive Strukturen und kann viele Geschehnisse nicht so wie wir erfassen und verarbeiten. Er nimmt Lärm um ein vielfaches intensiver wahr und reagiert sensibel auf verschiedene Gerüche und Gefühle der Kinder. Letzteres gilt es in meiner Arbeit positiv zu nutzen.
Daher ist ein gutes zeitliches Management für den Einsatz des Hundes in der Schule erforderlich. Mogli wird an ein bis zwei Tagen in der Woche für höchstens vier Schulstunden in der Einzel- und Kleingruppenförderung eingesetzt.

1.3 Der Hund in der Schule

Eine Umfrage für Mars Petcare im Jahr 2012 an 291 deutschen Grund- und Förderschulen zeigte, dass jede 4. der befragten Schulen eigene Tiere hält. Innerhalb der Befragung welche Tiere eingesetzt werden, wurde der Hund am häufigsten genannt. In 84 der befragten Schulen spielt er eine Rolle als Co-Pädagoge *(vgl. Mars Heimtier-Studie 2013, S.106).*

Tiere in der Schule

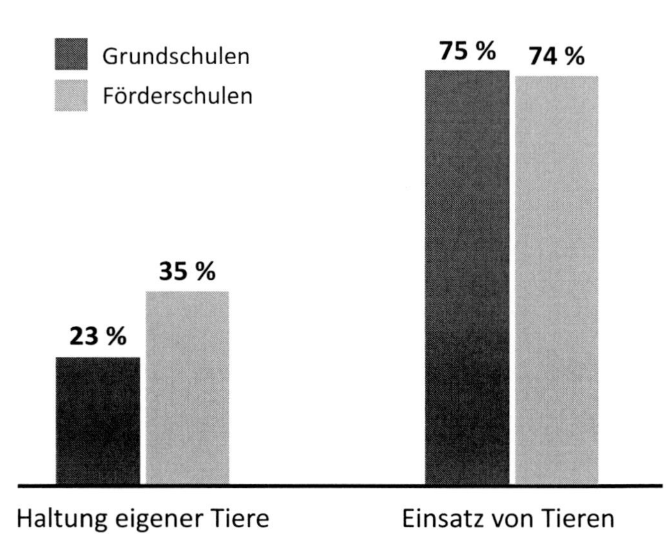

Im Unterricht eingesetzte Tiere

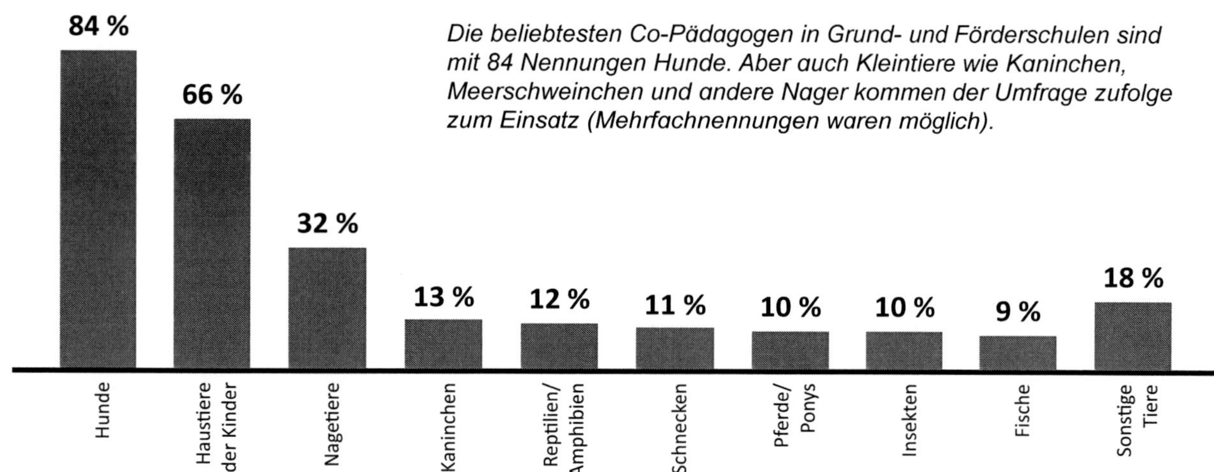

Quelle: *Mars Heimtierstudie 2013, S. 106*

Wie die Literatur umfassend belegt, ist Lernen von Emotionen begleitet. Verbindet man den Lerninhalt mit etwas Positivem, kann man besser lernen. Nur Informationen, die uns emotional berühren, können langfristig gespeichert werden[11].

Ich gehe davon aus, dass man durch die Anwesenheit von Tieren Emotionen hervorrufen kann. Lerninhalte werden somit zu Emotionsträgern gemacht. Neben der Bedeutung der Emotionen für das Lernen, hat auch die Qualität von sozialen Beziehungen nachweislich großen Einfluss auf das Lernergebnis[12]. Nach Krowatschek können Kinder besonders gut zu Hunden soziale Beziehungen aufbauen. Dies belegte er auch durch vielfältige positive Erfahrungen innerhalb der Arbeit mit Kindern und Jugendlichen und seiner Border-Collie-Hündin Fly[13].

Meine Beobachtungen zeigen, dass gerade der Leselernprozess innerhalb der Grundschulzeit oft ein von vielen Emotionen begleitetes Ereignis darstellt. Dies liegt zum einen in dem enorm hohen Stellenwert, der unserer Schriftsprache beigemessen wird, begründet. Zum anderen wächst der Druck seitens der Eltern, die ihre Kinder bereits im Kindergartenalter lesen sehen wollen. Kommen Kinder aus einem bildungsfernen Milieu, in dem Literatur häufig von geringer Präsenz ist, so ist der Leistungsdruck für diese Kinder in der Schule besonders hoch. Es ist denkbar, dass Kinder Lesen daher mit Stress und Angst verbinden. In diesem Fall können Hunde positive Stabilisatoren kindlichen Erlebens, Verhaltens und auch Lernens sein. Im Umgang mit Tieren lernen Kinder vieles ohne Zwang, aber mit hoher Motivation, was auch Krowatschek feststellte[14].

[11] vgl. Edlinger/Hascher: Von der Stimmung ... , S. 65 ff.
[12] vgl. Schwarzkopf/Olbrich: Tiergestützte Pädagogik ..., S. 255 f.
[13] vgl. Krowatschek: Kinder brauchen ... , S.9 ff.
[14] Krowatschek a.a.O., S. 43

Der Hund ist besonders für die pädagogische Arbeit geeignet, da die lange gemeinsame Evolution von Hund und Mensch zu dem im Tierreich einzigartigen Vermögen des Hundes, menschliche Gestik und Mimik erfassen und deuten zu können, geführt hat[15].

„When you think about it, [...] dogs working as co-therapists have the ideal demeanor to serve as healers. They offer unconditional acceptance, present a nun-judgmental and non-threatening atmosphere [...] and give the client a forum of comfort and safety.“[16]

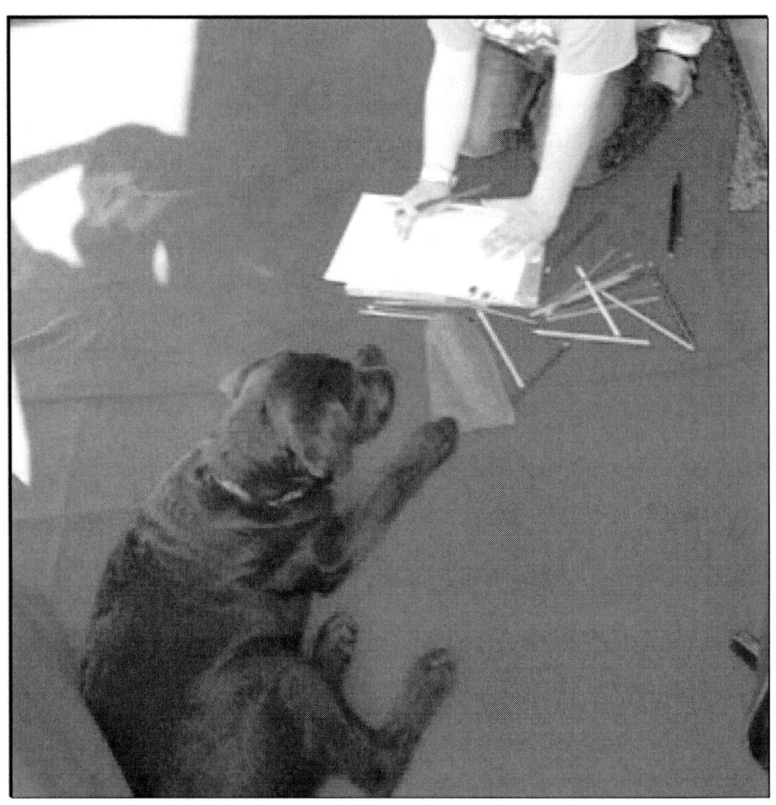

Aufgrund dieser Gegebenheiten wird der Hund immer häufiger für die Arbeit mit Kindern eingesetzt. Auch Vanek-Gullner stellte fest, dass die Arbeit mit Hunden ein weites Feld der Förderung unterschiedlicher Wahrnehmungsbereiche eröffnet. Die Gegenwart des Hundes wirkt ermutigend und Kinder trauen sich Aktivitäten wie beispielsweise das Vorlesen zu, wofür in anderen Situationen der Mut fehlt. Gerade bei lernschwachen Schülern wirkt die Gegenwart des Hundes als ermutigender Katalysator und Kinder wagen sich zunehmend häufiger an schulische Aufgaben heran[17].

Bereits in den 80er Jahren zeigten Forschungsarbeiten[18], dass die Gegenwart eines Tieres sowohl bei Kindern als auch bei Erwachsenen blutdrucksenkend wirkt. Des Weiteren wird die Ausschüttung von Stresshormonen in Anwesenheit eines nicht aufgeregten Tieres stark reduziert. Ruhende Tiere, in erster Linie Hunde, wirken wie eine Art natürliches Beruhigungsmittel.

So fand die Forschergruppe um Friedmann heraus, dass Kinder im Alter von 9 bis 16 Jahren eine niedrigere Herzfrequenz hatten, wenn sie neben einem friedlichen Hund saßen. Wurden diese Kinder im Unterricht aufgefordert, ein Gedicht zu rezitieren, stiegen Herzrate und Blutdruck an. Bei Anwesenheit des Hundes war der Anstieg jedoch signifikant geringer.

[15] vgl. Prothmann: Tiergestützte Kinder ... , S. 21
[16] Abrams, Lois, S. 18, www.guidancefacilitators.com/four-legged-therapist.pdf
[17] vgl. Vanek-Gullner: Lehrer auf ... , S. 60 ff.
[18] vgl. Friedmann: Social interaction ..., S. 461 ff.

Wichtige Voraussetzung für diese Verhaltensweisen ist die Biophilie, das heißt, eine Affinität zu Lebewesen und Natur.
Es wird vermutet, dass sich die lange Beziehung zwischen Mensch und Tier im Erbgut der Menschen niedergeschlagen hat. Dies bewirkt eine natürliche Bereitschaft des Menschen, auf Tiere zu reagieren. Tiere verfügen durch ihre häufig gut ausgeprägten Sinnesleistungen über ein besseres Frühwarnsystem für auftretende Gefahren. Deshalb sind der Anblick und die Geräusche ruhender, entspannter Tiere für uns Menschen ein Zeichen von Sicherheit. Der Mensch fühlt sich in deren Gegenwart wohl. Die Herzfrequenz sinkt und es werden keine Stresshormone ausgeschüttet[19].
Aktuelle Studien bestätigen, dass durch Streicheln eines Hundes das Hormon Oxytocin ausgeschüttet wird, welches unser Bedürfnis, Vertrauen aufzubauen und Nähe zu anderen herzustellen, steigert. Es ist anzunehmen, dass das Lernklima durch diese beziehungsstiftende Wirkung verbessert wird. Von diesem positiven Lernklima können die Sprach- und Leseförderung profitieren. Weiterhin zeigte eine Studie, dass Jungen, die durch Vorträge vor Erwachsenen unter Stress gesetzt wurden, nach anschließender Ruhephase mit anwesendem Hund deutlich entspannter waren als Jungen in Anwesenheit eines Stoffhundes oder freundlichen Erwachsenen[20].
Die Anwesenheit eines Hundes kann Menschen beruhigen, Angst reduzieren und für ein entspanntes Lernklima sorgen.
Weitere aktuelle Forschungsergebnisse und eine Zusammenfassung über die Effekte von Oxytocin, welcher wir uns in der pädagogischen Arbeit nützlich machen, sind im Buch „Hunde im Schulalltag" von Dr. Andrea Beetz zusammengefasst nachzulesen[21].

Der Hund kann durch seine vielfältigen positiven Wirkungen besonders sinnvoll in den Bereichen Sprach- und Leseförderung eingesetzt werden, da diese Bereiche ein in der Schullaufbahn oft sehr sensibles Thema darstellen. Laut- und besonders Schriftsprache sind Grundlage für weiteres Lernen und meist unabdingbar für einen späteren beruflichen Erfolg. In diesen Bereichen kann der Hund den Kindern die Angst und den Stress nehmen und sie aufnahmefähiger machen. Mogli wird überwiegend in diesen Bereichen eingesetzt. Wir haben uns somit auf die hundgestützte Förderung der Laut- und Schriftsprache spezialisiert. Weiterhin gibt es natürlich diverse Möglichkeiten den Hund in der Schule einzusetzen, sei es im mathematischen Bereich oder im Bereich des Sozialverhaltens. Ideen hierfür enthalten unter anderem die Bücher „Co-Pädagoge Hund" von Dr. Konstanze Jablonowski oder das „Praxisbuch HuPäSch" von Lydia Agsten.
Im Rahmen von kleineren Hunde-Projekten wird Mogli auch eingesetzt, um besonders Vorklassenschülern den richtigen Umgang mit Hunden zu verdeutlichen.
Auch ist der Hund ein beliebtes Thema im Sachunterricht der Grundstufe. Hier bieten wir nach Bedarf einen Praxistag als Ausklang zur Einheit an. Die Schüler können einen „Mini-Hundeführerschein" erwerben, wenn sie in der Praxis den richtigen Umgang mit einem Hund zeigen.
Dennoch stellen diese Projekte eher die Ausnahme dar. Unser Hauptauftrag ist die Steigerung der Sprach- und Lesekompetenz bei Grundstufenschülern.

[19] Friedmann a.a.O., S. 64 ff.
[20] vgl. Beetz (et al.): The Effect of …, S. 349 ff.
[21] Beetz, A.: Hunde im Schulalltag. Ernst Reinhard Verlag, München 2012

2 Theoretische Grundlagen der Sprach- und Leseförderung

Das vorrangige Mittel der Kommunikation unserer Gesellschaft ist zweifellos Sprache. Leider haben heute viele Kinder Schwierigkeiten beim Erwerb der Lautsprache, was verschiedene Ursachen haben kann. Neben Primärbeeinträchtigungen gibt es noch viele weitere Gründe, weshalb Kinder kommunikative Defizite aufweisen. Risikofaktoren für Spracharmut können erhöhte Mediennutzung, Vereinsamung, fehlende Interaktion mit Gleichaltrigen, Migration oder Kinderarmut sein. Probleme innerhalb der Sprachentwicklung ziehen sich oft wie ein roter Faden durch die Schullaufbahn. Viele Kinder, welche Auffälligkeiten im Bereich der Lautsprache haben, weisen später Probleme im Schriftspracherwerb auf. Nach PISA wissen wir, dass die Lesekompetenz unserer Schüler stark verbesserungsbedürftig ist.

Da Lesekompetenz eine grundlegende Voraussetzung für Erfolg im weiteren Berufsleben ist, zieht sich der rote Faden häufig weiter und belastet betroffene Menschen ein Leben lang, besonders im sozial-emotionalen Bereich.

Zur Thematik Lesen und Hund gibt es bereits einige fest etablierte Programme. Eines der ersten hundgestützten Leseprogramme mit dem Namen R.E.A.D. (Reading Education Assistance Dogs, 1999) stammt aus den USA. Hierbei handelt es sich um die größte tiergestützte Leseförderungsorganisation der Welt. Erfolge hinsichtlich Lesekompetenz werden auf der Website www.therapyanimals.org aufgelistet. Ein ehrenamtliches Projekt (Partnerschaft mit R.E.A.D.) ist Lesehund® München (Kimberly Ann Grobholz). Schüler erhalten die Möglichkeit einmal wöchentlich einem Lesehund® für ca. 20 Minuten etwas vorzulesen. Die Lesehund®-Begleitperson beantwortet Fragen und gibt kleinere Hilfeimpulse, um den Lesefluss aufrecht zu erhalten, weitere Informationen unter: www.lesehund.de.

Ein weiteres bekanntes Leseprojekt mit Hund ist LeseMut von Andrea Beetz und Swanette Kunze mit Kerstin Bröcker. Im Jahr 2008 wurde eine hundgestützte Leseförderung mit 6 SchülerInnen einer 6. Klasse durchgeführt, die Kontrollgruppe bestand aus 7 SchülerInnen ohne Hund. Über 12 Wochen gab es 12 Fördereinheiten von 45 Minuten. Es ging um gemeinsames Lesen in einer Gruppe. Die Leseleistung wurde durch die Förderung in beiden Gruppen verbessert, jedoch steigerte die Hundegruppe den Zuwachs an Lesekompetenz deutlich über die Sommerferien. Die Schüler dieser Gruppe gaben mehr Lust auf die Leseförderung an. Alle Teilnehmer würden die Leseförderung mit Hund vorziehen[22].

Eine gute Übersicht über weitere Studien und Effekte befindet sich in dem Buch „Leseförderung mit Hund" *(Reinhardt Verlag)*.

[22] vgl. Beetz/Heyer a.a.O., S. 77 f.

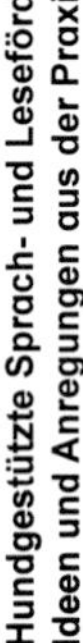

2.1 Sprachliche Ebenen – ein kurzer Überblick

Zu den Grundlagen des Spracherwerbs gibt es zahlreiche Bücher, in denen gute Zusammenfassungen zu finden sind. Ein Abriss des gesamten Spracherwerbs und dessen Störungen ist in diesem Buch nicht möglich und es ist die entsprechende Fachliteratur aus dem sprachheilpädagogischen/logopädischen Bereich hinzuzuziehen.
Da sich meine Fördermaterialien auf die verschiedenen sprachlichen Ebenen beziehen, werde ich einige Anmerkungen zu diesen machen.
Zur **phonetisch-phonologischen Ebene** ist zu verdeutlichen, dass der Erwerb der Aussprache grob in vier verschiedene Schritte gegliedert ist. Das Prälinguistische Stadium, die Phonologie der ersten 50 Wörter, der Erwerb des phonologischen Systems sowie die Vervollkommnung des phonologischen Systems (weitere Informationen in: Baumgartner, Füssenich: Sprachtherapie mit Kindern). Liegen in diesen Bereichen Störungen vor, so spricht man von Störungen im phonetisch-phonologischen Bereich. Bei phonologischen Störungen gelingt die Aussprache eines Lautes im sprachlichen Kontext nicht korrekt.

Das heißt, der Laut kann isoliert gebildet werden, jedoch wird die bedeutungsunterscheidende Funktion des Lautes im phonologischen System nicht korrekt realisiert. Die phonologischen Prozesse sind somit nicht altersadäquat und es lassen sich drei Gruppierungen bilden:

- *Silbenstrukturprozesse* wie z.B. Auslassung initialer oder finaler Konsonanten – Igel statt Spiegel/Hun statt Hund; Reduktion von Mehrfachkonsonanz – dei statt drei),
- *Substitutionsprozesse*, Ersetzungsprozesse wie z.B. Vorverlagerung – Tasse statt Kasse; Plosivierung – Tee statt See und
- *Assimilationsprozesse*, Lautangleichung wie z.B. Fafel statt Fabel.

Weiter unterscheidet man zwischen phonologischer Verzögerung sowie konsequenter und inkonsequenter phonologischer Störung[23].

Bei einer phonetischen Störung spricht man von einer klassischen Sprechstörung, die Aussprache eines oder mehrerer Laute gelingt sprechmotorisch nicht. Diese Laute können auch isoliert nicht gebildet werden. Meist werden die betroffenen Laute vom Kind durch Laute ersetzt, die einfacher zu bilden sind und entwicklungsphysiologisch früher auftreten. Man bezeichnet die Artikulationsstörung mit dem griechischen Namen des fehlgebildeten Lautes und der Endung -tismus bzw. -zismus (Sigmatismus, Gammazismus usw.)[24].

Auf der **semantisch-lexikalischen Ebene** geht es hauptsächlich um den Erwerb von Wortbedeutungen. Das semantische Lernen bezieht sich nicht nur auf die mündliche Sprache, sondern auch auf die Schriftsprache. Es geht hierbei beispielsweise um den aktiven und passiven Wortschatz oder um die Oberbegriffsbildung. Das normal entwickelte Kind kann bereits im Alter von 1,6 Jahren durchschnittlich 50 wortähnliche Äußerungen von sich geben. Kinder, die mit 2 Jahren noch nicht eine solche Anzahl an Wörtern verwenden, bezeichnet man als Late Talker, wobei sich viele dieser Kinder als Late Bloomer entpuppen und Rückstände noch vor Schuleintritt wieder aufholen.
Unter semantisch-lexikalischen Störungen versteht man allgemein gesprochen Defizite im aktiven und passiven Wortschatz sowie Wortfindungsstörungen[25].

---

23 Klassifikation nach Dodd, weitere Informationen in: Fox. Kindliche Aussprachestörungen
24 weitere Informationen in: Grohnfeld: Lehrbuch der Sprachheilpädagogik und Logopädie, Band 2
25 vgl. Grohnfeld a.a.O., S, 48 ff.

Zur **morphologisch-syntaktischen Ebene** ist zu erwähnen, dass sich Kinder in der Regel mit ca. 5 Jahren in der Art und Weise grammatikalisch ausdrücken, dass es vom Zuhörer nicht mehr als fehlerhaft empfunden wird. Abgeschlossen ist die grammatikalische Entwicklung in diesem Alter bei weitem noch nicht. Forscher sind nach wie vor fasziniert von der Tatsache, dass sich Kinder in der Regel mühelos eine Basisgrammatik aufbauen und morphologisch-syntaktische Prinzipien unserer Sprache erwerben. Diese Basisgrammatik wird bis ins Jugendalter stetig ausgebaut.

Der Erwerb unserer Grammatik verläuft jedoch nicht bei allen Kindern so problemlos und unauffällig. Zum einen haben Kinder mit Primärbeeinträchtigungen (z.B. Hörschädigungen, geistige Retardierung) größere Schwierigkeiten beim Erwerb des grammatikalischen Systems. Zum anderen haben viele Kinder, auch ohne Primärbeeinträchtigung, grammatikalische Schwierigkeiten.
Bei diesen Kindern tritt das grammatikalische Problem jedoch nicht isoliert auf, meist handelt es sich um Probleme, die mehrere sprachliche Ebenen betreffen[26].

Bei vielen Kindern liegen Störungen vor, die mehrere Ebenen betreffen. Hier muss die Lehrkraft herausfinden, welche Störung das Kind kommunikativ am stärksten einschränkt und mit der Förderung auf der entsprechenden Ebene sollte begonnen werden. Diese Entscheidung wird bei jedem Kind individuell getroffen.

2.2 Grundlagen des Lesenlernens

Im weiteren Verlauf wird häufig der Begriff Schriftspracherwerb verwendet, da heute allgemein bekannt ist, dass Lesen und Schreiben nicht voneinander getrennt werden kann. Seit vielen Jahren sind Schriftspracherwerbsforscher und Fachdidaktiker bemüht, die Schriftsprachentwicklung in Modellen abzubilden. Diese Modelle sollen über die reine Worterkennung hinausgehen und auch Aspekte wie die Sinnentnahme berücksichtigen. Das Bild vom passiven Lerner wandelt sich in das eines aktiven, Hypothesen testenden Lerners. Die Schriftspracherwerbsforschung beschäftigt sich mit der Dynamik von Entwicklungsprozessen. Diese Dynamik ist in den Stufenmodellen zum Schriftspracherwerb verankert. Nicht mehr die Diskrepanz zum Erwachsenen, sondern was ein Kind bereits kann, bildet den Schwerpunkt[27].
Frith hat ein Modell entwickelt, welches nach Scheerer-Neumann als Rahmenmodell für den Schriftspracherwerb gilt[28]. Sie unterscheidet die logografische, alphabetische sowie orthografische Phase und geht von einer Entwicklung aus, bei der beide Modi, Lesen und Schreiben, abwechselnd die Führung übernehmen[29].

[26] vgl. Baumgartner/Füssenich: Sprachtherapie mit ... , S. 118 ff.
[27] vgl. Diehl: Lesenlernen ..., S. 110 f.; Scheerer-Neumann: Schriftspracherwerb, S. 33
[28] Scheerer-Neumann a.a.O., S. 34
[29] weitere Informationen zu den verschiedenen Phasen des Schriftspracherwerbs sind nachzulesen in: Füssenich/Löffler: Schriftspracherwerb, Einschulung, erstes und zweites Schuljahr. München: Ernst Reinhardt Verlag 2005

2 Theoretische Grundlagen der Sprach- und Leseförderung

	lesen				schreiben
1a	logographemisch	L1	↓		(symbolisch)
1b	logographemisch	L2	⟶	L2	logographemisch
2a	logographemisch	L3	↓	A1	alphabetisch
2b	alphabetisch	A2	⟵	A2	alphabetisch
3a	orthographisch	O1	↓	A3	alphabetisch
3b	orthographisch	O2	⟶	O2	orthographisch

Sechstufenmodell des Schriftspracherwerbs von Frith[32]

Die Tatsache, dass Kinder verschiedene Schreibweisen nebeneinander anwenden, wird jedoch häufig als Kritikpunkt am Phasenmodell verwendet. Aus diesem Grund gibt es zusätzlich Prozessmodelle, die eine Erklärung des Schriftspracherwerbs geben. Leseprozessmodelle bieten die Möglichkeit, den Leseprozess an sich detaillierter zu betrachten, was essentiell für die Entwicklung einer Lesefördereinheit ist.

Im Laufe der Zeit wurde daher zunehmend versucht, den Leseprozess modellhaft darzustellen. Viele Erkenntnisse stammen aus der Wahrnehmungspsychologie, in der zwischen Top-down- und Bottom-up-Modellen unterschieden wird. Innerhalb der Bottom-up-Modelle läuft Lesen als automatischer Prozess ab. Kontext und Vorwissen haben keinen Einfluss. Lautes Lesen ist hier ein regelgeleiteter Prozess, der über Graphem-Phonem[30]-Umwandlungen erfolgt. Bottom-up-Modelle können allerdings nicht erklären, warum das Lesen von orthographisch irregulären Wörtern wie Garage bei einem geübten Leser nicht zu Regularisierungsfehlern (/Garage/ statt /Garasche/) führt und ein Wortüberlegenheitseffekt besteht[31].

[30] „Grapheme sind die kleinsten segmentalen Einheiten des Schriftsystems, genauso wie die Phoneme die kleinsten segmentalen Einheiten des Lautsystems sind" (Eisenberg 2005, S. 66).

[31] vgl. Costard: Störungen der … , S. 21 f.

[32] aus: Füssenich/Löffler: Schriftspracherwerb … , S. 74

Auf der anderen Seite gibt es die Top-down-Modelle, bei denen das Wort als Ganzes erkannt wird. Die einzelnen Buchstaben werden, wenn überhaupt, erst nach der Worterkennung verarbeitet. Kontext, Vorwissen und Erwartungshaltung des Lesers beeinflussen den Leseprozess[33].

Bei den sogenannten Zwei-Wege-Modellen arbeiten Top-down- und Bottom-up-Prozesse parallel und können unabhängig voneinander zur Worterkennung führen. Der schneller ablaufende Prozess steuert die Worterkennung[34].

Ich gehe nun auf das **Zwei-Wege-Modell des lauten Lesens** nach Ellis und Young 1988 ein. Dieses ziehe ich heran, um den Ist-Stand der Lesekompetenz festzustellen und, daran angelehnt, ein Förderkonzept zu entwickeln. Folgende Abbildung zeigt das Zwei-Wege-Modell des lauten Lesens:

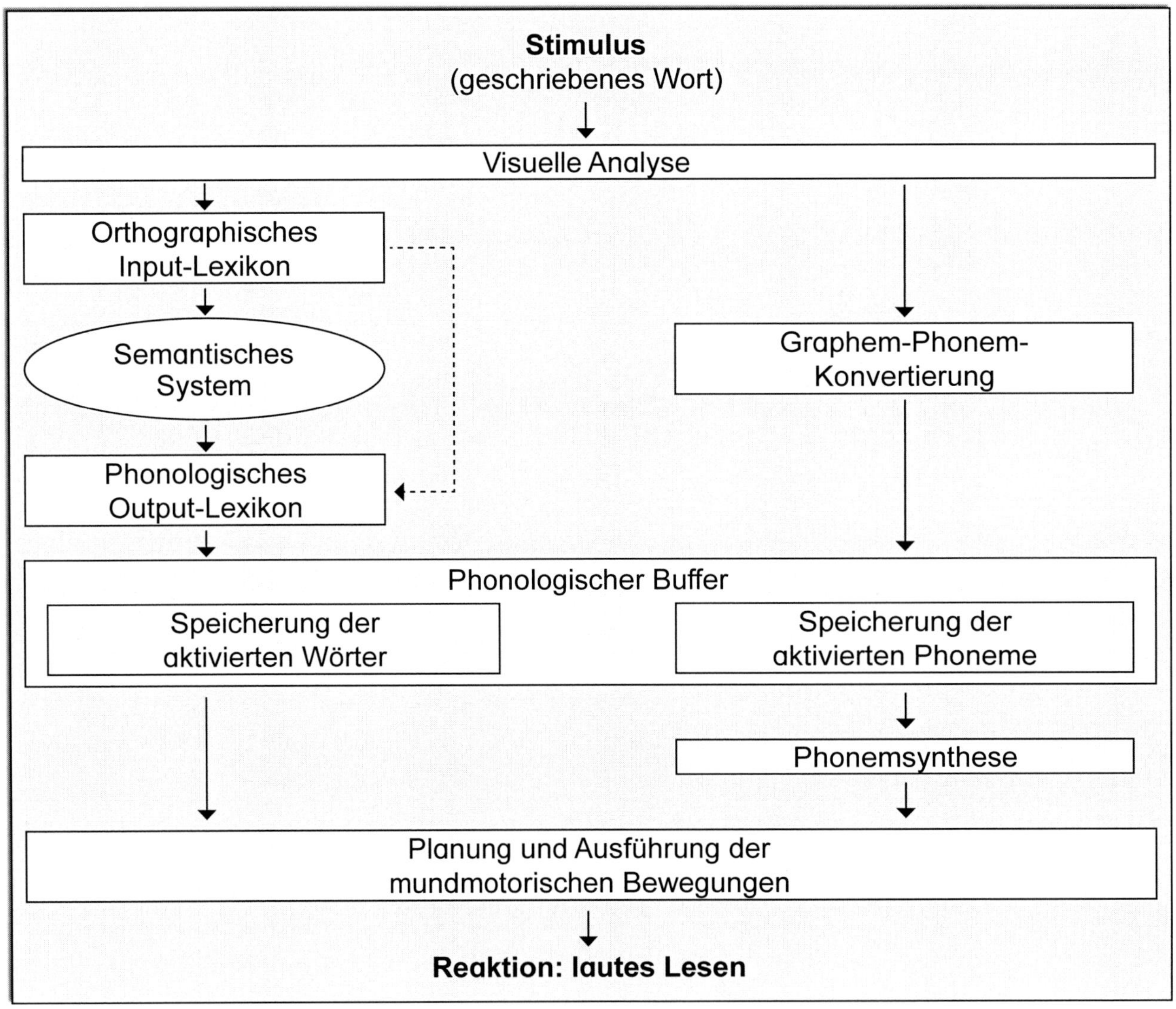

Stimulus
(geschriebenes Wort)
Visuelle Analyse
Orthographisches Input-Lexikon
Semantisches System
Phonologisches Output-Lexikon
Graphem-Phonem-Konvertierung
Phonologischer Buffer
Speicherung der aktivierten Wörter
Speicherung der aktivierten Phoneme
Phonemsynthese
Planung und Ausführung der mundmotorischen Bewegungen
Reaktion: lautes Lesen

Zwei-Wege-Modell des lauten Lesens[35]

[33] Costard a.a.O., S. 22; Schründer-Lenzen: Schriftspracherwerb … , S. 87
[34] Costard a.a.O., S. 23
[35] aus: Costard a.a.O., S. 26

Hundgestützte Sprach- und Leseförderung
Ideen und Anregungen aus der Praxis für die Praxis – Bestell-Nr. 11 756

Innerhalb der visuellen Analyse wird erkannt, ob ein Buchstabe vorliegt oder nicht. Es geht auch darum, Buchstaben in unterschiedlichen Schriftarten und unterschiedlicher Raumlage als solche zu erkennen. Das heißt, ein Kind muss zusätzlich wissen, dass Buchstaben wie A oder a ein gemeinsames Graphem bilden, dem auf der lautlichen Ebene nur ein Phonem entspricht.
Im **orthographischen Input-Lexikon** sind Schriftbilder vertrauter Wörter gespeichert, nicht aber deren Wortbedeutungen. Durch dieses Lexikon verfügt man über einen Sichtwortschatz. Im **semantischen System** sind die Wortbedeutungen gespeichert. Schriftbilder erhalten somit Inhalte.

Das **phonologische Output-Lexikon** ist der Gedächtnisspeicher, in dem Informationen über die Schriftbilder, die für die Aussprache wichtig sind, gespeichert werden. Dieses Lexikon enthält Informationen wie Silben- oder Akzentstruktur. Der geübte Sprecher weiß, wo Haupt- und Nebenbetonungen liegen und wendet dies korrekt an.
Die **Graphem-Phonem-Konvertierung** bezeichnet die Zuordnung von Graphemen zu Phonemen beim Lesen. Dieser Prozess dient dazu, die Aussprache eines **unbekannten Wortes** aus seinen Graphemen herzuleiten. Synonym kann der Begriff Graphem-Phonem-Umwandlung verwendet werden.

Der **phonologische Buffer** dient dazu, Informationen für die nachfolgende Verarbeitung bereit zu halten. Es handelt sich hier um eine kurzfristige Speicherung. Man kann diesen Buffer auch als phonematischen Arbeitsspeicher bezeichnen. Einheiten müssen präsent gehalten werden, um sie für die sprechmotorische Realisierung zu verwenden. Gespeicherte Einheiten können Phoneme, Silben, Morpheme[36] oder Wörter sein.
Um unbekannte oder Pseudowörter laut zu lesen, müssen die durch die Graphem-Phonem-Konvertierung aktivierten Phoneme verbunden werden, was durch **Phonemsynthese** geschieht. Abschließend finden die **Planung und Ausführung mundmotorischer Bewegungen** statt. Das Wort wird laut erlesen[37].

Da das Zwei-Wege-Modell des lauten Lesens hauptsächlich die Lesefertigkeit betrachtet, ist es an dieser Stelle notwendig, den Lesekompetenzbegriff mit all seinen Determinanten darzustellen. Lesekompetenz ist eine Schlüsselqualifikation par excellence, die seit der Debatte um Pisa zunehmend in den Mittelpunkt schulischen Lernens gerät. Der Lesekompetenzbegriff bildet die Grundlage der Evaluationsstudien PISA (Programme for International Student Assessment) oder IGLU (Internationale Grundschul-Lese-Untersuchung). Kompetenz im Allgemeinen beschreibt Fähigkeiten, die in angemessenen Situationen eingesetzt werden können. Für den Erwerb von Lesekompetenz sind weiterhin Kommunikation, Kognition, Motivation und subjektive Beteiligung ausschlaggebend.
PISA hat die Bedeutung motivationaler Determinanten zusätzlich hervorgehoben. Die bisherige Forschung hat gezeigt, dass motivierte Kinder mehr lesen und somit häufiger Lesestrategien anwenden, was dazu führt, dass die Lesekompetenz stärker ausgebildet wird[38].

[36] „Morpheme sind die kleinsten bedeutungstragenden Einheiten (im Unterschied zu den Phonemen, die bedeutungsdistinktiv sind)" (Eisenberg 2005, S. 38).
[37] vgl. Costard a.a.O., S. 36 ff.
[38] vgl. Möller/Schiefele: Motivationale Grundlagen ... , S.123 f.

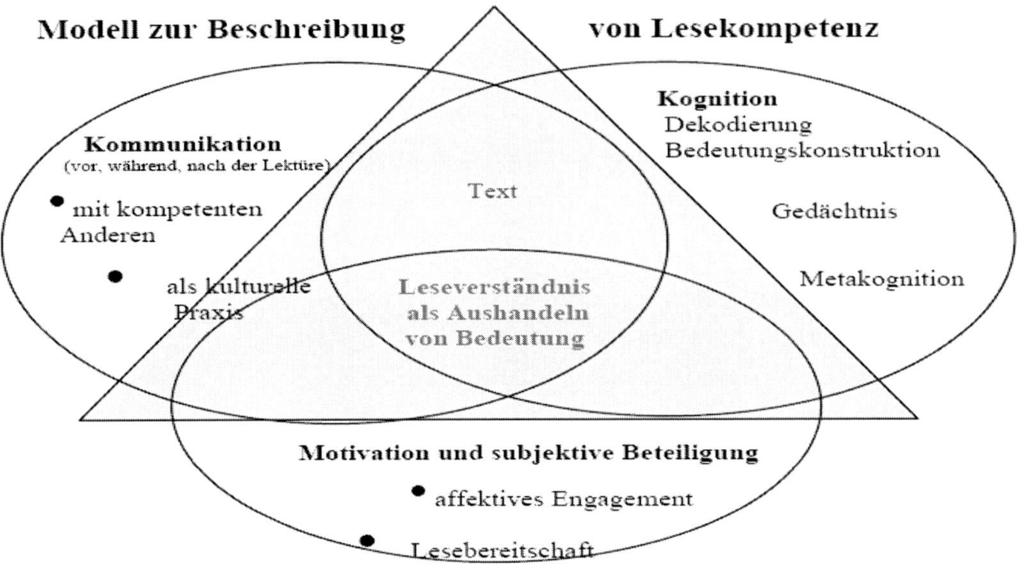

Modell zur Beschreibung von Lesekompetenz[39]

Definiert man den Begriff der Lesemotivation, so bezeichnet diese den Wunsch oder die Absicht, in einer bestimmten Situation einen spezifischen Text zu lesen. Hier kann man intrinsische und extrinsische Komponenten unterscheiden. Es gibt zwei Ursachen für intrinsische Motivation beim Lesen. Man kann intrinsisch motiviert sein, weil man Interesse am Thema eines Textes hat oder die Tätigkeit des Lesens an sich wird als positiv erlebt. Ein extrinsisch motivierter Leser hingegen strebt positive Konsequenzen an oder versucht, negative Konsequenzen zu vermeiden[40].

[39] aus: HKM: Lese-Info 1 (Hg.), S. 10
[40] vgl. BMBF: Förderung von … , S.19f.; Richter/Plath: Lesemotivation in … , S. 15 ff.

Die Ergebnisse von PISA bestätigen also Zusammenhänge zwischen Lesemotivation und Lesekompetenz. Aus diesem Grunde basiert mein Förderkonzept zunächst darauf, Motivation durch eine angenehme Atmosphäre und die Anwesenheit des Hundes aufzubauen. In den nächsten Kapiteln gilt es zu zeigen, dass die Hundgestützte Förderung dazu beitragen kann, eine motivierende Lesesituation zu schaffen.

<u>Zusammengefasst zeigen folgende Abbildungen</u>:

A den Ist-Stand einer Schülerin im Bereich Lesen schematisch dargestellt

B mögliche Förderinhalte mit Hund

A

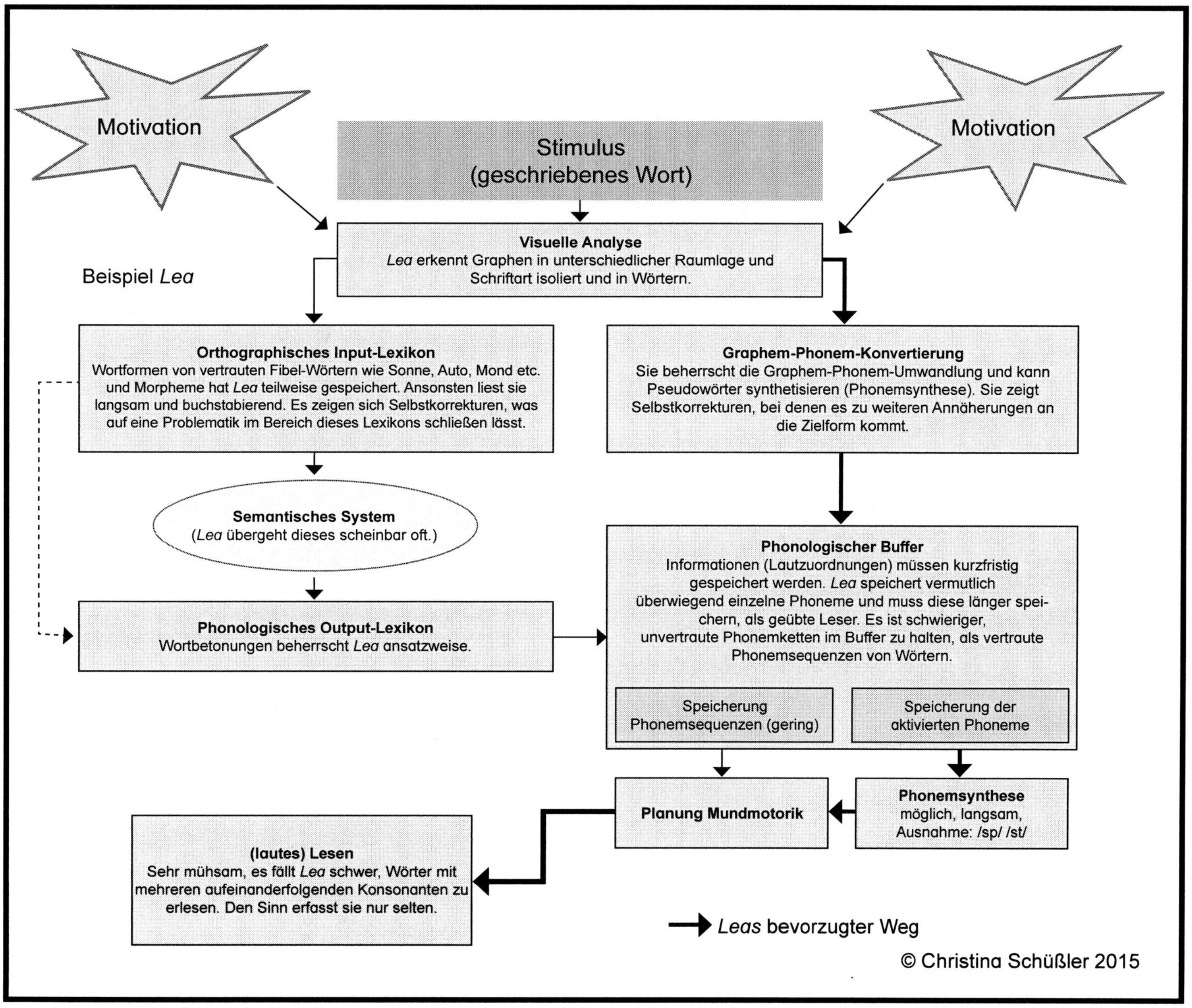

Motivation

Stimulus
(geschriebenes Wort)

Motivation

Beispiel *Lea*

Visuelle Analyse
Lea erkennt Graphen in unterschiedlicher Raumlage und Schriftart isoliert und in Wörtern.

Orthographisches Input-Lexikon
Wortformen von vertrauten Fibel-Wörtern wie Sonne, Auto, Mond etc. und Morpheme hat *Lea* teilweise gespeichert. Ansonsten liest sie langsam und buchstabierend. Es zeigen sich Selbstkorrekturen, was auf eine Problematik im Bereich dieses Lexikons schließen lässt.

Graphem-Phonem-Konvertierung
Sie beherrscht die Graphem-Phonem-Umwandlung und kann Pseudowörter synthetisieren (Phonemsynthese). Sie zeigt Selbstkorrekturen, bei denen es zu weiteren Annäherungen an die Zielform kommt.

Semantisches System
(*Lea* übergeht dieses scheinbar oft.)

Phonologisches Output-Lexikon
Wortbetonungen beherrscht *Lea* ansatzweise.

Phonologischer Buffer
Informationen (Lautzuordnungen) müssen kurzfristig gespeichert werden. *Lea* speichert vermutlich überwiegend einzelne Phoneme und muss diese länger speichern, als geübte Leser. Es ist schwieriger, unvertraute Phonemketten im Buffer zu halten, als vertraute Phonemsequenzen von Wörtern.

Speicherung Phonemsequenzen (gering)

Speicherung der aktivierten Phoneme

Planung Mundmotorik

Phonemsynthese
möglich, langsam,
Ausnahme: /sp/ /st/

(lautes) Lesen
Sehr mühsam, es fällt *Lea* schwer, Wörter mit mehreren aufeinanderfolgenden Konsonanten zu erlesen. Den Sinn erfasst sie nur selten.

→ *Leas* bevorzugter Weg

Hundgestützte Sprach- und Leseförderung
Ideen und Anregungen aus der Praxis für die Praxis – Bestell-Nr. 11 756

B

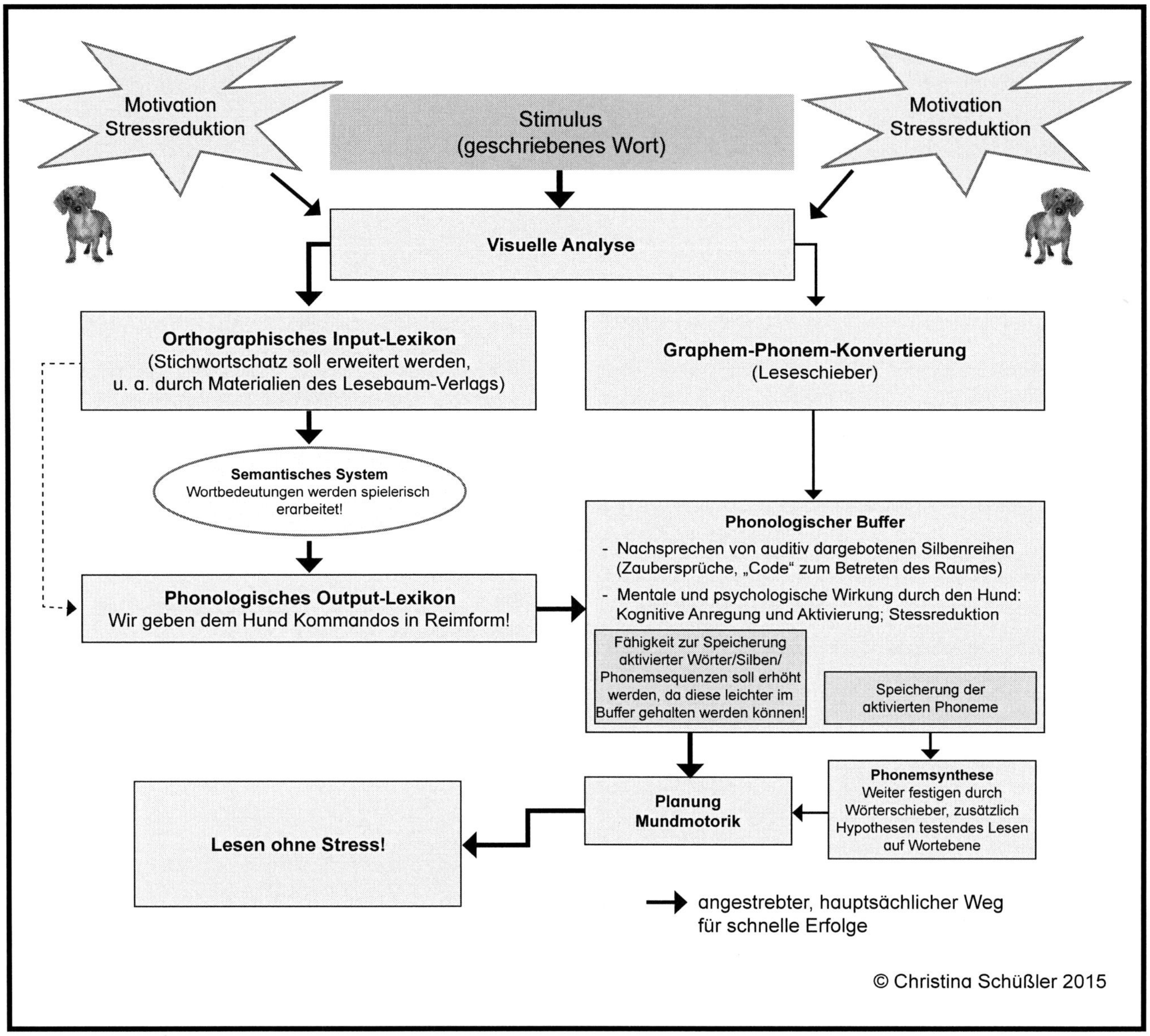

Motivation Stressreduktion

Stimulus (geschriebenes Wort)

Motivation Stressreduktion

Visuelle Analyse

Orthographisches Input-Lexikon
(Stichwortschatz soll erweitert werden, u. a. durch Materialien des Lesebaum-Verlags)

Graphem-Phonem-Konvertierung
(Leseschieber)

Semantisches System
Wortbedeutungen werden spielerisch erarbeitet!

Phonologisches Output-Lexikon
Wir geben dem Hund Kommandos in Reimform!

Phonologischer Buffer

- Nachsprechen von auditiv dargebotenen Silbenreihen (Zaubersprüche, „Code" zum Betreten des Raumes)
- Mentale und psychologische Wirkung durch den Hund: Kognitive Anregung und Aktivierung; Stressreduktion

Fähigkeit zur Speicherung aktivierter Wörter/Silben/Phonemsequenzen soll erhöht werden, da diese leichter im Buffer gehalten werden können!

Speicherung der aktivierten Phoneme

Planung Mundmotorik

Phonemsynthese
Weiter festigen durch Wörterschieber, zusätzlich Hypothesen testendes Lesen auf Wortebene

Lesen ohne Stress!

→ angestrebter, hauptsächlicher Weg für schnelle Erfolge

3 Persönliche Erfahrungen innerhalb der hundgestützten Pädagogik in der Einzel- und Kleingruppenförderung

Im Bereich der hundgestützten Einzelförderung habe ich in den letzten Jahren durchweg positive Erfahrungen sammeln können. Alle Kinder kamen motiviert und freudestrahlend in die Förderstunden. Postkarten, Briefe und Bilder an Mogli waren keine Seltenheit. Die größte Zufriedenheit verspüre ich immer dann, wenn Kinder, die die Grundschule schon fast verlassen, das Lesen noch erlernen.

Im Bereich der Leseförderung ist es meiner Meinung nach sehr wichtig, den Schülern die Möglichkeit zu geben verschiedene Methoden im Leselernprozess auszuprobieren und diese verschiedenen Methoden auch immer wieder anzubieten. Dies bedeutet, dass man die Förderstunde nicht nur nach einem bestimmten Konzept aufbauen sollte, was wiederum aber nicht bedeuten soll, dass die Förderstunde strukturlos ist. Die Schüler, die meine Förderstunden besuchen, haben meist Fördereinheiten nach diversen Konzepten durchlaufen. Wichtig ist es, die verschiedenen Möglichkeiten, nach denen Kinder lesen lernen, durch verschiedene Spiele und Angebote in die Förderstunde zu integrieren, Lesen durch Schreiben, Lesen nach der Ganzwortmethode, Synthese, leises und lautes Lesen, Lesen mit dem ganzen Körper → Lesen mit Füßen und Pfoten.

Geprägt durch Rituale, bestimmte Arbeitsorte, bestimmte Aufgaben des Kindes, des Hundes und des Lehrers verspüren die Schüler Sicherheit und sind aufnahmefähiger als in unstrukturierten, ständig wechselnden Stundenabläufen. Auch in der Sprachförderung sind Rituale ein fester Bestandteil. Viele Stunden laufen nach einem bestimmten Muster ab, welches die Kinder anhand eines Planes nachvollziehen können. Für jede erledigte Aufgabe werden Leckerlis oder andere Verstärker gesammelt.

Eine besonders positive Erfahrung in den letzten Jahren war die Handhabung von Moglis Einsatz. Die ersten zwei bzw. drei Förderstunden finden meist ohne Mogli statt, dies hängt natürlich vom zu fördernden Kind ab. Zur Regelbesprechung sowie zum Informieren über den Hund im Allgemeinen und Mogli im Speziellen verwende ich eine Hundehandpuppe von Folkmanis, dies hat sich als sehr sinnvoll herausgestellt. Kinder haben die Möglichkeit Fragen zu stellen und ich kann die Kinder vor dem ersten Kontakt mit Mogli besser einschätzen. Nach dieser allgemeinen ersten Information folgt zunächst die Beobachtung Moglis, das heißt, er führt vorerst noch keine Aktivitäten aus. Wenn die Kennenlernphase beendet ist, steigt Mogli auch mit Aktivitäten in die Förderstunde ein, dies geschieht in der Regel nach drei Förderstunden. Die Kinder zeigen in den Informationsstunden großes Interesse am Thema Hund und auch Verständnis dafür, dass es noch etwas dauert, bis sie Mogli persönlich kennenlernen.

Setzt man einen Hund in der Schule ein, gibt es auch Tage, an denen man als Hundehalter das Gefühl hat, das Tier braucht eine Pause und sollte heute besser nicht in die Schule gehen. Auch an hundefreien Tagen zeigen die Schüler Verständnis und arbeiten dennoch motiviert mit, um Mogli zu Hause eine Freude zu machen!

Es ist beeindruckend, welche Lernerfolge Kinder auch im Rahmen des Tierschutzes und allgemeinen Umgangs mit Tieren lernen. Sei es die Lautstärke, die man in Anwesenheit aller Tiere minimieren sollte, das Zugehen auf Tiere oder das Fressverhalten. Viele Kinder stellen mir im Rahmen der Einzelförderung auch gezielte Fragen zu ihren eigenen Haustieren und beginnen, sich intensiver um diese zu kümmern. Eine Schülerin beginnt ihren Hasen vorzulesen, eine andere dreht die Musik in ihrem Zimmer nicht mehr so laut auf, damit ihre Katze keine Angst bekommt. Auch diese Erfolge, welche man neben der eigentlichen Förderung erzielt, sind nicht zu unterschätzen.

4 Praxisanregungen – Praxiskartei

4.1 Allgemeine Hinweise

Jeder Fördereinheit sollte eine individuelle Diagnostik vorausgehen. Es ist unumgänglich, den Ist-Stand des jeweiligen Schülers festzuhalten und darauf eine Fördereinheit aufzubauen.

Die hier vorgestellten Förderbeispiele sind oft einfach zu variieren und können somit optimal an die Schüler angepasst werden.

Die verschiedenen Übungen lassen sich auch problemlos erweitern und sind somit für die Förderung auf verschiedenen sprachlichen Ebenen einsetzbar, beispielsweise die Buchstaben/Wörter-Tabellen.

Da sich dieses Buch an Kollegen richtet, die bereits Erfahrungen im Gebiet der tiergestützten Förderung und Therapie haben, bedarf es keiner detaillierten Ausführung bezüglich des Tierschutzes. Das Wohl des Tieres darf zu keiner Zeit gefährdet sein, Stressanzeichen und Beschwichtigungssignale müssen unmittelbar erkannt und auf sie dementsprechend reagiert werden. Auch sollte der Puls des Hundes in regelmäßigen Abständen kontrolliert werden. Der Hund benötigt immer wieder Ruhe- sowie Entspannungsphasen und bei den vorgeschlagenen Fördermöglichkeiten ist es nicht notwendig, den Hund während des gesamten Spiels einzusetzen. Oft genügt auch eine phasenweise Einbeziehung des Hundes. So ist es auch durchaus legitim, wenn man sich dazu entscheidet, dass der Hund in einer Förderstunde einfach nur anwesend ist.

Ein Hund, der permanent unter Stress steht, wird auf Dauer krank werden. Ist der Hund für den Einsatz in der Schule nicht geeignet, da er zu viele Stresssignale aussendet, sollte man diese Tatsache akzeptieren und den Hund nicht in der tiergestützten Pädagogik einsetzen.

Weiterhin sollte jeder Hundebesitzer entscheiden, wie der Hund belohnt werden soll. Der Hund soll natürlich nicht überfüttert werden! Je nach Hunderasse muss der Besitzer entscheiden, ob er als Belohung Trockenfutter verwendet, welches er von einer Mahlzeit des Hundes abzieht, Leckerlis oder ein kurzes Spiel mit dem Lieblingsspielzeug des Hundes. Oftmals sind die Spiele mit dem Hund oder Streicheleinheiten innerhalb der Förderung eine adäquate Belohnung für das Tier.

Es ist übrigens auch sinnvoll, kleine Hundetatzen aus Pappe in der Förderung einzusetzen. Diese kann das Kind innerhalb der Stunde sammeln und am Ende gegen ein Spiel mit dem Hund, einen gemeinsamen Spaziergang oder eine gewisse Anzahl an Leckerlis einlösen.

Das Belohnungsverfahren hängt immer vom eingesetzten Hund ab! Neben der Leckerligabe gibt es noch viele andere Möglichkeiten den Hund zu belohnen, Ideen über den Einsatz von Belohnungen im Hundetraining findet man im Buch „Verstärker verstehen" von Viviane Theby.

Bei der Auswahl der zu apportierenden Gegenstände ist auf eine angemessene Größe sowie angemessenes Material zu achten, um ein mögliches Verletzen oder Verschlucken durch den Hund zu verhindern.

Ein wichtiger Bestandteil innerhalb der tiergestützten Pädagogik ist das sogenannte „Übergaberitual“. Dem Hund soll, beispielsweise durch die Übergabe des Futterbeutels an ein bestimmtes Kind, verdeutlicht werden, wer aktuell mit ihm arbeitet und wer ihn für Aufgaben belohnt. Durch ein bestimmtes Signal oder die Aussprache eines bestimmten Kommandos (z.B. „Arbeiten“), wird dem Hund dieser Wechsel verdeutlicht. Dies schafft Struktur und gibt dem Hund Sicherheit, was dringend notwendig ist.

Zusätzlich ist es unabdingbar, dass die Lehrkraft während der Förderung immer wieder sprachheilpädagogische Modellierungstechniken wie beispielsweise das korrektive Feedback oder Parallelsprechen anwendet.

4.2 Exemplarische Verläufe einer Sprach- und Leseförderstunde

Folgende Tabellen zeigen den exemplarischen Verlauf einer Sprach- und Leseförderstunde. Es ist kein klassisches Stundenverlaufsschema, wie es viele Pädagogen vielleicht noch aus dem Vorbereitungsdienst kennen. Es handelt sich um Stundenverläufe für Einzel- und Kleingruppenförderung. Ich empfehle immer grob nach diesem Schema zu verfahren, um den Schülern Transparenz und Sicherheit zu bieten. Inhalte müssen selbstverständlich für jeden zu fördernden Schüler individuell abgestimmt werden, was auch die zeitlichen Abläufe der einzelnen Abschnitte betrifft.

Exemplarischer Ablauf einer Leseförderstunde		
Phase	**Inhalt**	**zu förderndes Lerngebiet**
Einstieg	Zaubersprüche (Silbenreihen) vor Beginn der Förderung: *Li-la-lieber Hund;* *Ri-ru-ra-bist du heute da?* (mit 3 Silben beginnen, Schwierigkeitsgrad erhöhen)	Phonologischer Buffer (Arbeitsgedächtnis)
Motivationsphase	Hund begrüßen, streicheln etc. Sitz-Kommando geben, z.B. *Mogli komm hierher, das ist doch gar nicht schwer.* *Sieh auf meine Hand und nicht an die Wand!*	**Motivation** Phonologisches Output-Lexikon (Sprachmelodie)

Hundgestützte Sprach- und Leseförderung
Ideen und Anregungen aus der Praxis für die Praxis – Bestell-Nr. 11 756

Exemplarischer Ablauf einer Leseförderstunde		
Phase	**Inhalt**	**zu förderndes Lerngebiet**
Lesezeit: Hauptteil der Förderstunde	Nun soll dem Hund etwas vorgelesen werden. Hierzu dienen die Materialien vom Lesebaumverlag (Rothenhöfer 2006). Zum Ende dieser Phase werden Inhalte besprochen. Zusätzlich gibt es Memory-Spiele zu den Wörtern der Geschichten.	Leises/Lautes Lesen
Arbeit mit dem Leseschieber *oder* Buchstabentabelle *oder* Lesen mit den Füßen und Pfoten	Die Arbeit mit dem Leseschieber ermöglicht die Stärkung der Phonemsynthese und Lesen als Hypothesen testenden Prozess auf Wortebene. Während der Arbeit an der Buchstabentabelle entscheidet der Hund, was gelesen wird. Mit großen Buchstabenfliesen wird eine Art Straße gelegt. Das Kind geht, gemeinsam mit dem Hund, die Straße entlang und synthetisiert so ganz langsam Buchstabe für Buchstabe.	Phonemsynthese Antizipation
Abschluss mit Spielzeit	Es wird mit Buchstabenbällen oder Wörtersäckchen gespielt. Jeder Ball ist mit einem Buchstaben bzw. mit Buchstabenkombinationen beschriftet (oder ein Lernwort befindet sich in einem Säckchen). Der Hund wird beauftragt, einen Ball/ein Säckchen auszuwählen. Wir denken uns ein Wort aus, das mit diesem Buchstaben beginnt/lesen das Wort vor.	**Motivation** Kreativer Umgang mit Buchstaben, Sichtwortschatz
Mogli-Hausaufgaben	Regelmäßig neue Wortkarten für zu Hause (Blitzwort-Lesen). Postkarten (Vorlage 8 S. 73)	Sichtwortschatz Lesen durch Schreiben

Exemplarischer Ablauf einer Sprachförderstunde		
Phase	**Inhalt**	**zu förderndes Lerngebiet**
Einstieg Motivation	Zaubersprüche mit Reim vor Beginn der Förderung: *Si- sa- sum* *Fa- si- sa* *Mogli bist du da?* Kinder dürfen sich selbst Reim-Zaubersprüche ausdenken, je nach ihren Fähigkeiten. Hund begrüßen	Phonologischer Buffer (Arbeitsgedächtnis) Reimen
Ritualisierte Übungen	Sehr strukturiertes Vorgehen nach dem „Fertig-Plan“ (siehe Vorlage 1 S. 61) Für jede erledigte Aufgabe wird ein Leckerli etc. in die Fertig-spalte gelegt. Strukturiertes Vorgehen bietet Kindern Sicherheit. Am Ende dieser Phase dürfen dem Hund Leckerlis gegeben bzw. gesammelt werden. Übungen werden durch Reime oder Sprüche begleitet!	Mundmotorik Feinmotorik
Gezielte Arbeit an einem Laut Bsp. Anbahnung/ Bildung /K/ Übung 1	2 Bildkarten mit Text zu bekannten Kinderliedern liegen auf dem Boden (Vorlage 7 S. 72). Beide Lieder werden gemeinsam mit dem Kind gesungen (1 Strophe). Dann wird auf jede Bildkarte ein Korken geklebt (z.B. mit Pattafix), sodass der Hund die Bildkarten aufheben kann. Er wird beauftragt, ein Lied für das Kind auszuwählen, sprich: dem Kind eine Bildkarte zu bringen. Dieses Lied wird gemeinsam mit der Lehrkraft **gegurgelt**.	**3. Artikulationszone Sensibilisieren**

Exemplarischer Ablauf einer Sprachförderstunde		
Phase	**Inhalt**	**zu förderndes Lerngebiet**
Übung 2	Ein A3-Blatt mit Umriss eines Hundes (siehe Vorlage 5 S. 69/70) liegt auf dem Boden, das Kind färbt den Hund, indem es den Handballen in Farbe tunkt und mit festem Druck das Bild farbig macht. Bei jedem Aufdrücken versucht es mit der Lehrkraft das /K/ zu bilden. Zur Unterstützung der Lautbildung kann dem Kind die Position der Zunge durch ein kaltes Wattestäbchen verdeutlicht werden. *Tipp: Die Vorlage kann auch für die Anbahnung anderer Laute ganz ähnlich verwendet werden, z.B. für den Laut /T/, mit den Fingerspitzen Farbe auftippen.*	Unterstützende Bewegung zur Bildung des Lautes **Aktivieren des Zungenrückens**
Abschluss mit Spielzeit	Das Kind darf sich ein kurzes Spiel mit dem Hund wünschen. **Auswahl der Spiele mit dem Hund ist von der Lehrkraft vorgegeben!**	Motivation
Hausaufgabe	Ein besonderes Wort, welches mit /K/ beginnt, wird auf einem Zettel für die Mappe des Kindes festgehalten. Hausaufgabe ist es, das Bild zum Wort zu zeichnen.	Wortschatz

4.3 Ideen und Materialien im Bereich Sprachförderung

Modul 1: Förderung auf phonetisch-phonologischer Ebene

Allgemeiner Tipp zum Verlauf der Förderstunden:

Wie bereits in der exemplarischen Unterrichtsstunde aufgeführt, arbeite ich häufig mit dem Fertigplan (Vorlage 1 S. 61). Für jede erledigte Aufgabe wird beispielsweise ein Leckerli in die Fertigspalte gelegt. Am Ende des Plans zeigt ein Symbol, dass der Hund auf eine bestimmte Art und Weise belohnt werden darf. Als Fingerübungen können verschiedene, bekannte Fingerspiele mit Reimen durchgeführt werden.

Die Bildkarten zu den Mundmotorikübungen bilden einen realgetreuen Hundekopf ab. Eine von mir durchgeführte mündliche Befragung an der Sprachförderung teilnehmender Kinder zeigte, dass den Kindern die realistischere Abbildung deutlich besser gefiel und zu höherer Mitarbeitsbereitschaft führte als ein abstrakt, comicähnlich abgebildeter Hundekopf.

Die Abbildungen sollen keinesfalls den Eindruck erwecken, dass ein Hund diese Übungen auf Kommando durchführen kann!!

Probieren Sie die Mundmotorik-Übungen zu Beginn selbst aus, das gibt Ihnen und dem Kind Sicherheit. Die Übungen sollen zu jedem Zeitpunkt Spaß machen.

Mundmotorische Übungen 1

Material	Bildkarten Mundmotorik laminiert, Leckerlis, Bälle
Kopiervorlagen	Vorlagen S. 62-65
Voraussetzungen Hund	Ablegen, Abwarten
Ablauf	Jeweils ein Leckerli wird auf zwei verschiedene Karten gelegt. Der Hund darf die Leckerlis auf Kommando aufnehmen. Welches nimmt der Hund zuerst? Genaues Hinschauen erforderlich. Die Übung, von welcher Karte das Leckerli zuerst genommen wurde, wird ausgeführt. Zwei neue Karten werden ausgewählt – usw.
Besonderer Hinweis	*Man kann die Karten so vergrößern, dass jeweils ein Ball darauf gelegt werden kann. Für welchen Ball, also welche Karte, entscheidet sich der Hund?* *Auf diese Weise kann eine Diagnostik durchgeführt werden. Beispielsweise einen Lautüberprüfungsbogen mit Bildkarten groß kopieren, laminieren und wie oben beschrieben vorgehen. Große Motivation für die Kinder!*

Mundmotorische Übungen 2

Material	Bildkarten Mundmotorik, Leckerlis oder andere Verstärker, großer Schaumstoffwürfel
Kopiervorlagen	Vorlage S. 62-65
Voraussetzungen Hund	Ablegen, Abwarten, Würfeln
Ablauf	Karten mit Mundmotorikübungen werden mit Bildseite nach unten auf den Boden gelegt. Auf die Rückseite wird eine Zahl geschrieben oder das entsprechende Würfelbild gezeichnet. Der Hund würfelt für das Kind. Die gewürfelte Zahl wird aufgedeckt und die entsprechende Übung gemacht.
Besonderer Hinweis	*Man kann zusätzlich darauf achten, ob die Kinder die Würfelpunkte simultan erfassen. Für den Hund bietet sich ein großer Schaumstoffwürfel an; Volley Schaumstoffwürfel zu erwerben unter: www.amazon.de*

Hundgestützte Sprach- und Leseförderung
Ideen und Anregungen aus der Praxis für die Praxis – Bestell-Nr. 11 756

Mundmotorische Übungen 3

Material	Bildkarten Mundmotorik (verkleinert) laminiert, Leckerlis oder andere Verstärker, Holzrad mit Mundmotorik Bildkarten beklebt
Kopiervorlagen	Vorlage S. 62-65
Voraussetzungen Hund	Abgelegen, Abwarten, Holzrad mit Pfote oder Schnauze zum Drehen bringen
Ablauf	Hund dreht am Holzrad und die entsprechende Übung wird gemacht.
Besonderer Hinweis	*Bildkarten mit z.B. UHU patafix am Holzrad befestigen, sodass sie leicht wieder entfernt werden können.* *Für größere Hunde ist es schwierig, das Rad zum Drehen zu bringen, ohne dass dieses umfällt. Man kann den Hund stattdessen würfeln lassen und am Rad so viele Felder weiterdrehen wie der Würfel Augen zeigt.* *Das Holzrad ist z.B. zu erwerben unter: www.hebaecker-lehrmittel.com*

Mundmotorische Übungen 4

Material	Bildkarten Mundmotorik (verkleinert) laminiert, Leckerlis oder andere Verstärker, Stoffsäckchen
Kopiervorlagen	Vorlage 2 S. 62-65
Voraussetzungen Hund	Ablegen, Abwarten, Apportierfähigkeit
Ablauf	Säckchen liegen im Raum verteilt auf dem Boden, Kind gibt Hund deutliches Kommando, ihm ein Säckchen zu bringen, darin befindliche Übung wird ausgeführt
Besonderer Hinweis	*Stoffsäckchen zu erwerben unter: www.basteln-de.butinette.com*

Hundgestützte Sprach- und Leseförderung
Ideen und Anregungen aus der Praxis für die Praxis – Bestell-Nr. 11 756

Mundmotorische Übungen 5

Material	Bildkarten Mundmotorik auf rotes Papier kopiert, Bildkarten Hundeübungen (gelbes Papier), Bildkarten Erzählanlass (blaues Papier), Leckerlis oder andere Verstärker, abgeändertes oder selbst erstelltes Brettspiel, Spielfiguren: Hundefiguren *(z.B. von Schleich)*, großer Schaumstoffwürfel oder kleiner Holzwürfel
Kopiervorlagen	Vorlagen 2, 3, 4, S. 62-68
Voraussetzungen Hund	Ablegen, Abwarten, verschiedene Grundkommandos sollten beherrscht werden (Sitz, Platz, Bleib etc.) sowie Spaßübungen (Pfötchen, Rollen, Würfeln etc.)
Ablauf	Brettspiel nach der Regel: man würfelt und rückt der Anzahl entsprechend Felder vor. Besonders motivierend ist es, wenn der Hund für das Kind würfelt. Die Felder haben 3 verschiedene Farben, für die 3 verschiedenen Kartensätze, gelbes Feld = gelbe Karte, entsprechend abgebildete Übung wird gemeinsam mit dem Hund durchgeführt, rotes Feld = rote Karte, mundmotorische Übung wird ausgeführt, blaues Feld = blaue Karte, zu der entsprechenden Bildkarte wird eine kurze Geschichte erzählt, eine Frage gestellt, ein Reim gebildet, je nach Förderbedarf.
Besonderer Hinweis	*Die verschiedenen Kartensätze müssen auf farbiges Papier kopiert werden, je nach Spielfeld variabel.* *Als Hundeübungen gibt es 6 Standardsituationen, weitere Kunststücke, die der Hund kann, können hinzugefügt werden.* *Volley Schaumstoffwürfel und Schleich-Figuren zu erwerben unter:* *www.amazon.de*

Hundgestützte Sprach- und Leseförderung
Ideen und Anregungen aus der Praxis für die Praxis – Bestell-Nr. 11 756

Motorikübungen

Material	Bildkarten Hundetatzen vergrößert
Kopiervorlagen	Vorlage 10 S. 75
Voraussetzungen Hund	
Ablauf	Mit den Hundetatzen wird eine Art Parcours auf den Boden gelegt. Das Kind darf nun gemeinsam mit der Lehrkraft den Parcours wie folgt zurücklegen: kriechen wie eine Schlange, krabbeln wie ein Hund, im Bärengang, marschieren im aufrechten Gang mit Überkreuzbewegungen – rechte Hand berührt linkes Knie, linke Hand berührt rechtes Knie.
Besonderer Hinweis	*Diese motorischen Abläufe sind in der kindlichen Entwicklung sehr wichtig und unter anderem Voraussetzungen für eine gute Sprachentwicklung.*

Akustische Differenzierung

Material	Eisenbahn mit Waggons, Leckerli oder andere Verstärker, laminierte Bildkarten Minimalpaare
Kopiervorlagen	Vorlage 6 S. 71 (Bilder Minimalpaare K/T)
Voraussetzungen Hund	Ablegen, Abwarten
Ablauf	Die Buchstabenkarten K und T werden an zwei Waggons befestigt. Lehrer spricht ein Wort vor und Kind entscheidet, ob es K oder T hört (Kanne, Tanne…) und legt ein Leckerli in den entsprechenden Waggon- Lehrer verbessert bei Bedarf. Liegen 3 Leckerlis verteilt in den Waggons, darf das Kind eine Runde mit dem Zug fahren. Kommt es am Hund vorbei, bleibt es stehen und spricht dem Hund aus dem Gedächtnis die zuvor vom Lehrer genannten Wörter vor. Dann bekommt der Hund seine Belohnung.
Besonderer Hinweis	*Das Aufzählen der Wörter schult die Merkfähigkeit, nach Bedarf können dann für den Hund noch Reimwörter gebildet werden.*

Geräuschmemory

Material	Dosen (z.B. Filmdosen, Kaffeedosen), HundeLeckerlis in verschiedenen Größen
Kopiervorlagen	
Voraussetzungen Hund	
Ablauf	Jeweils zwei Dosen werden mit der gleichen Sorte und Anzahl an Leckerlis befüllt und ergeben somit ein Paar. Regeln eines Memoryspiels. Hat man ein gleich klingendes Paar gefunden, so darf man dieses behalten. Kontrolle: Öffnen der Dosen.
Besonderer Hinweis	

Lautanbahnung verschiedener isolierter Laute

Material	Umriss Hund auf DIN A3 kopieren, Fingerfarben
Kopiervorlagen	Vorlage 5 S. 69-70
Voraussetzungen Hund	
Ablauf	Das Kind füllt das Bild mit Farbe, indem es, je nach anzubahnendem Laut, entweder mit Fingerspitze (z.B. T), Handballen oder Handaußenkante Farbe in das Bild stempelt, sodass ein brauner/schwarzer/weißer Hund entsteht. Gleiches ist auch mit Zehen, Fußballen, Fußaußenkante oder Ferse möglich. Während des „Stempelns“ versucht das Kind gemeinsam mit der Lehrkraft bestimmte Laute zu artikulieren.
Besonderer Hinweis	*Hilfreiche Tipps für den Zusammenhang zwischen dem* ***Artikulationsort und einzusetzender Körperteile*** *findet man in Weinrich/Zehner „Phonetische und phonologische Störungen bei Kindern“. (Springer Verlag)*

Lautfestigung auf Silbenebene

Material	Dicke Kordel, rotes Band, Vokalkarten
Kopiervorlagen	Vorlage 18 S. 86
Voraussetzungen Hund	Kommando: Zieh! Brings!
Ablauf	Gearbeitet wird auf dem Boden, wobei sich Lehrkraft und Kind mit genügend Abstand gegenüber sitzen. Zwischen Lehrkraft und Kind liegt mittig ein rotes Band auf dem Boden mit einer ausgewählten Vokalkarte aus der Vorlage 18. Der Hund wartet beim Kind und zieht auf dessen Kommando eine Kordel zur Lehrkraft. Beginnt der Hund mit der Aktion, artikuliert das Kind einen von der Lehrkraft vorgegebenen Laut, z.B. /f/. Der Laut wird so lange gehalten bis die Kordel, die der Hund hinter sich herzieht, über das rote Band gezogen wird. Dann wird der entsprechende Vokal vom Kind angehängt, z.B. ffffffffa. Möglichkeiten: ffffffa, ffffffffi, lllllllo, mmmma (nicht mit allen Lauten möglich) A Vokalkarte **Kind** rotes Band **Lehrkraft** Artikulation: „ffffffffffffffa" **Hund** *mit Kordel* → → →
Besonderer Hinweis	*Anstelle der Vokalkarten bieten sich auch die Karten der Firma Trialogo „Mach mal so" an, je nach Können des Kindes.*

Ideen zur Psycholinguistisch orientierten Phonologie-Therapie P.O.P.T. (Fox 2009)

Die Therapie ist anzuwenden bei verzögerten Phonologischen Prozessen und bei pathologischer konsequenter phonologischer Entwicklung.

Ich gebe hier ein Beispiel zu jeder Phase für die Förderung nach dem P.O.P.T-Konzept mit Hund, exemplarisch die Behandlung der Vorverlagerung der Laute K/G/ zu T/D.

Die Ideen lehnen sich an Vorschläge aus dem Therapiehandbuch P.O.P.T. an[41].

Fox-Boyer geht nach folgenden 4 Phasen vor:

- Vorphase (Fokussierung auf phonologische Form von Wörtern, Vorbereitung auf rezeptive Phase)
- Erste Phase (phonologische Kontraste sollen identifiziert werden, beginnend beim isolierten Laut bis hin zum Realwort)
- Zweite Phase (phonemisch korrekte Produktion von Ziel- und Ersatzlaut)
- Dritte Phase (Kind erkennt, welcher Ziel- bzw. Ersatzlaut in ein Wort gehört, korrekte Aussprache, keine Vorgabe durch Therapeuten)

[41] vgl. Fox-Boyer: P.O.P.T. ...

Hundgestützte Sprach- und Leseförderung
Ideen und Anregungen aus der Praxis für die Praxis – Bestell-Nr. 11 756

Die Zeitspanne, wie lange nach einer bestimmten Phase gearbeitet wird, hängt vom individuellen Entwicklungsstand des Kindes ab. Ein geduldiges Arbeiten ist hier sehr wichtig.

Vorphase

Material	Verschiedene Bildkarten, Korb, kleine Mülltonne
Kopiervorlagen	
Voraussetzungen Hund	Abwarten, Apportierfähigkeit
Ablauf	Hund apportiert Bildkarten (siehe besonderer Hinweis) und legt sie vor Kind und Lehrkraft ab. Die Bildkarten werden gemeinsam besprochen, sodass gesichert ist, dass dem Kind das Bildmaterial bekannt ist. Kind hat einen Korb und eine kleine Mülltonne vor sich stehen. Jede Bildkarte, die von der Lehrkraft korrekt benannt wird, darf in den Korb geworfen werden. Von der Lehrkraft fehlerhaft artikulierte Bildkarten werden in eine kleine Spielmülltonne geworfen. Dem Kind soll so die Veränderung des Wortes/der Aussprache durch Vor- bzw. Rückverlagerung bewusst werden.
Besonderer Hinweis	*Zunächst grobe Veränderungen von Wörtern vornehmen, die leicht als phonologisch fehlerhaft erkannt werden können.* *Zum Apportieren gibt es folgende Möglichkeiten: Korken an Bildkarten befestigen, sodass der Hund sie tragen kann; Hund bringt alle Bildkarten im Korb mit; Hund trägt ein Geschirr mit Seitentaschen, in denen sich die Karten befinden. Letzteres ist einfach und zeitsparend.* *Individuell angefertigtes Geschirr zu erwerben unter: www.jack-b.de* *Tragekorb beispielsweise von Reisenthel für den Kaufladen, zu erwerben unter: www.mytoys.de* *Über den Tragegriff sollte ein Stofftuch gebunden werden, sodass der Hund den Korb besser tragen kann.* *Spielmülltonne zu erwerben unter: www.amazon.de*

Hundgestützte Sprach- und Leseförderung
Ideen und Anregungen aus der Praxis für die Praxis – Bestell-Nr. 11 756

Phase 1

Material	Lautsymbolkarten zu den Lauten K/G/T/D (je zweimal), 4 kleine Näpfe/Dosen, Hundetatzen aus Papier, 4 Briefumschläge mit jeweils einer Spielkarte Hund
Kopiervorlagen	Vorlage 10 S. 75, Vorlage 3 S. 66
Voraussetzungen Hund	Ablegen, Abwarten, verschiedene Grundkommandos sollten beherrscht werden (Sitz, Platz, Bleib etc.) sowie Spaßübungen (Pfötchen, Rollen, Würfeln etc.)
Ablauf	*Zu Beginn:* *Ziel- sowie Ersatzlaute werden mit Hilfe der Lautsymbolkarten zunächst erarbeitet. Dabei geht es auch um die Lage der Zunge/die Form des Mundes bei der Produktion des Lautes.* Auf jeden Napf und jeden Briefumschlag wird eine der 4 Lautsymbolkarten geklebt. In jedem Briefumschlag befindet sich eine Karte, die eine Übung mit dem Hund abbildet. Die Näpfe stehen im Raum verteilt auf dem Boden. Die Lehrkraft spricht einen der 4 Laute *(je nach Stand auch Silben, Pseudowörter und schließlich Realwörter-mit jeweils einem Ziel- oder Ersatzlaut)* vor und das Kind krabbelt mit einer Hundetatze zum entsprechenden Napf und legt diese darin ab. Am Ende des Spiels wird gemeinsam gezählt, in welchem Napf die meisten Tatzen liegen. Nun wird der Briefumschlag mit identischem Lautsymbol ausgewählt. Das Kind darf den Umschlag öffnen und die entsprechenden Übungen mit dem Hund durchführen.
Besonderer Hinweis	*Lautsymbolkarten müssen vor Beginn besprochen werden! Symbolkarten z.B. aus: Trialogo „Mach mal so“* *Fox: Kindliche Aussprachestörungen. Schulz-Kirchner Verlag 2011.* *Während das Kind krabbelt, können zusätzlich Beobachtungen über die motorischen Fertigkeiten gemacht werden.*

Phase 2

Material	Spielbrett mit Hundetatzen, großer Würfel, Spielfiguren: Hundefiguren (z.B. von Schleich), Lautsymbolkarten (K/G/T/D)
Kopiervorlagen	evtl. Vorlage 10 vergrößert, S. 75
Voraussetzungen Hund	Abwarten, Würfeln
Ablauf	Die Lautsymbolkarten liegen verdeckt auf dem Boden. Der Hund würfelt für das Kind und die Lehrkraft zieht eine der Lautsymbolkarten und spricht den Laut vor. Diesen Laut produziert das Kind bei jedem Vorrücken (je nach Würfelaugen) auf dem Spielfeld. Nun wechselt die Situation. Die Lehrkraft würfelt und das Kind zieht eine Symbolkarte. Die Lehrkraft produziert diesen Laut bei jedem Vorrücken usw. Je nach Stand des Kindes werden Laute, Silben mit Ziellauten/Ersatzlauten oder Pseudowörter gebildet.
Besonderer Hinweis	*Symbolkarten z.B. aus: Trialogo „Mach mal so“* *Fox: Kindliche Aussprachestörungen. Schulz-Kirchner Verlag 2011.* *Der Hund würfelt nur für das Kind – Motivation. Anstelle eines Spielbrettes kann auch ein Weg mit Hundetatzen auf den Boden gelegt werden.* *Schleich-Figuren zu erwerben unter: www.amazon.de* *Spielteppich Cats and Dogs zu erwerben unter: www.amazon.de*

Phase 3

Material	Gegenstände, die Ziel- und Ersatzlaute im Namen enthalten, Tragekorb/Geschirr mit Taschen, 4 kleine Kisten mit jeweils einer Lautsymbolkarte (K/G/T/D), Leckerlis, Glas
Kopiervorlagen	
Voraussetzungen Hund	Korb tragen, Geschirr anlegen lassen
Ablauf	Kisten mit Lautsymbolkarten stehen im Raum. Der Hund bringt dem Kind einen Korb mit verschiedenen Gegenständen (z.B. Gegenstände aus einem Kaufladen, Kaffee, Kakao, Geld, Gummibärchen, Tee, Tomaten) oder Bildkarten befinden sich in den Taschen des Geschirrs. Das Kind benennt die Gegenstände bzw. die Bildkarten selbstständig und wirft sie in die entsprechende Kiste, z.B. Kaffee kommt in die Kiste mit dem Holzfällersymbol (Lautsymbol für K). Für jede richtige Zuordnung darf ein Leckerli für den Hund in einem Glas gesammelt werden.
Besonderer Hinweis	*Symbolkarten z.B. aus: Trialogo „Mach mal so"* *Fox: Kindliche Aussprachestörungen. Schulz-Kirchner Verlag 2011.* *Tragekorb beispielsweise von Reisenthel für den Kaufladen, zu erwerben unter: www.mytoys.de* *Über den Tragegriff sollte ein Stofftuch gebunden werden, sodass der Hund den Korb besser tragen kann.* *Trägt der Hund keinen Korb, so kann auch ein Geschirr mit eingearbeiteten Taschen verwendet werden. In die Taschen können Bildkarten (anstelle von Gegenständen) gesteckt werden.* *Individuell angefertigtes Geschirr zu erwerben unter: www.jack-b.de*

Geschirr mit Taschen, in welche beispielsweise Buchstaben-, Wort- oder Bildkarten gesteckt werden können (www.jack-b.de)

Modul 2: Förderung auf semantisch-lexikalischer Ebene

Wortschatzarbeit 1

Material	verschiedene Bildkarten oder Gegenstände
Kopiervorlagen	
Voraussetzungen Hund	Abwarten, Kommando Brings!
Ablauf	Bildkarten oder Gegenstände werden auf dem Boden verteilt. Lehrkraft verteilt auf den Bildkarten Leckerlis oder verteilt bestimmte Gegenstände (z.B. eines Kaufladens) im Raum. Kind gibt dem Hund das Kommando, etwas für es auszuwählen und es ihm zu bringen bzw. ein Leckerli auszuwählen. Bildkarte/ausgewählter Gegenstand wird vom Kind benannt.
Besonderer Hinweis	*Zusätzliche Aufgaben zu den Wörtern:* • *Geschichte erzählen* • *Reimwörter finden* • *Wortfelder erarbeiten* *Besonders eignen sich die verschiedenen Obst- & Gemüsesorten aus Stoff von Ikea. Hierbei ist aber immer sicherzustellen, dass der jeweilige Hund die Gegenstände nicht verschluckt!*

Wortschatzarbeit 2

Material	Tragekorb/Geschirr mit Taschen Wortkarten oder Bildkarten
Kopiervorlagen	
Voraussetzungen Hund	Korb tragen
Ablauf	Hund bringt dem Schüler „seine Lieblingswörter“ mit, indem er sie entweder in den Taschen des Geschirrs transportiert oder einen Korb mit Wortkarten/Bildkarten trägt. Wörter/Bilder werden gemeinsam mit dem Kind besprochen.
Besonderer Hinweis	*Zusätzliche Aufgaben zu den Wörtern:* • *Geschichte erzählen* • *Reimwörter finden* • *Wortfelder erarbeiten* *Individuell angefertigtes Geschirr zu erwerben unter: www.jack-b.de*

Wortschatzarbeit 3

Material	Spiel *Ratz Fatz von Haba*, kleine Spielhunde z.B. von Schleich und ein Glas für jeden Mitspieler
Kopiervorlagen	
Voraussetzungen Hund	
Ablauf	Ratz Fatz von Haba wird leicht abgewandelt gespielt. Der genannte Gegenstand wird nicht aus der Mitte genommen, sondern der Spielhund neben den Gegenstand gestellt. Der Spieler, der seinen Hund am schnellsten platziert hat, darf ein Leckerli in sein Glas werfen. Durch das Sammeln im Glas werden Erfolge schnell sichtbar. Wer am Ende die meisten Leckerlis in seinem Glas hat, darf dem Hund EINS geben. Die restlichen Leckerlis kommen in eine gesonderte Box und werden für weitere Spiele aufgehoben.
Besonderer Hinweis	*Schleich-Figuren zu erwerben unter: www.amazon.de* *Ratz-Fatz-Lernspiele zu erwerben unter: www.haba.de*

Wortschatzarbeit 4

Material	Bild Erzählhund vergrößert und laminiert, kleine Stoffsäckchen mit verschiedenen Symbolen
Kopiervorlagen	Vorlage 9 S. 74
Voraussetzungen Hund	Abwarten, Kommando Brings!
Ablauf	Die Knochen auf dem Bild werden mit verschiedenen Wörtern beschriftet, Folienstift verwenden. Einige Knochen sind mit einem Stoffsäckchen bedeckt. Hund bekommt von Kind Kommando, nach und nach Stoffsäckchen aufzuheben oder Kind wählt die Säckchen selbst aus. Das Kind soll nun, je nach Zeichen auf dem Säckchen, eine Frage zum Wort stellen, einen Satz mit dem Wort erfinden oder ein Reimwort finden.
Besonderer Hinweis	*Neutrale Stoffsäckchen können im Internet günstig erworben werden. Diese müssen dann noch mit Watte befüllt werden, sodass der Hund sie aufheben kann. Die Stoffsäckchen können dann mit verschiedenen Symbolen beschriftet werden, z.B. Fragezeichen (eine Frage zum Wort stellen), Zwillinge (Reime zum Wort finden) oder Punkt (einen Satz mit dem Wort sagen). Weiterhin können Würfelaugen auf die Säckchen gemalt werden, sodass der Hund würfelt und das entsprechende Säckchen ausgewählt wird – bei großen Hunden ist diese Variante oft einfacher durchzuführen.* *Stoffsäckchen zu erwerben unter: www.basteln-de.butinette.com*

KOHL VERLAG Hundgestützte Sprach- und Leseförderung Ideen und Anregungen aus der Praxis für die Praxis – Bestell-Nr. 11 756

Verbenglücksrad

Material	Holzrad, evtl. Bildkarten von Verben
Kopiervorlagen	
Voraussetzungen Hund	Mit Pfote oder Schnauze Rad zum Drehen bringen.
Ablauf	Kind, Lehrkraft und Hund drehen abwechselnd am Holzrad, sodass der Hund nicht zu häufig das Drehen ausführen muss. Je nach Buchstabe, bei dem das Rad zum Stehen kommt, wird ein Verb gebildet, das mit diesem Buchstaben beginnt. Das Verb wird durch Pantomime versucht darzustellen und Lehrkraft bzw. Kind muss erraten, um welches Verb es sich handelt. Wahlweise können auch Verbbilder über die Buchstaben geklebt werden und die abgebildeten Tätigkeiten werden vom Kind/von der Lehrkraft benannt.
Besonderer Hinweis	*Für größere Hunde ist es schwierig, das Rad zum Drehen zu bringen, ohne dass dieses umfällt. Man kann den Hund stattdessen würfeln lassen und am Rad so viele Felder weiterdrehen wie der Würfel Augen zeigt.* *Das Holzrad ist z.B. zu erwerben unter: www.hebaecker-lehrmittel.com*

Dog-TV

Material	Bilderrahmen (10x15 cm) mit Plastikscheibe (selbst aufgemalte Hundelupe), vier kleine Rollen (Baumarkt), Wimmelbilder, laminierte Karten, Fotos
Kopiervorlagen	
Voraussetzungen Hund	Rollen des Bilderrahmens durch anstupsen.
Ablauf	Hund schiebt Dog-TV vorsichtig an (z.B. Schieb oder Stups). Dabei rollt der Rahmen über die Bilder oder Fotos. Wenn Dog TV stehen bleibt, schaut das Kind von oben durch die aufgemalte Lupe und benennt, was es sieht (Wortschatz), bildet den korrekten Artikel, benennt die Wortart, bildet einen Satz oder eine Frage.
Besonderer Hinweis	*Dog-TV ist sehr vielfältig einsetzbar und zur Förderung verschiedener sprachlicher Ebenen geeignet. Hund nicht zu häufig anschieben lassen, evtl. im Wechsel mit dem Kind.*

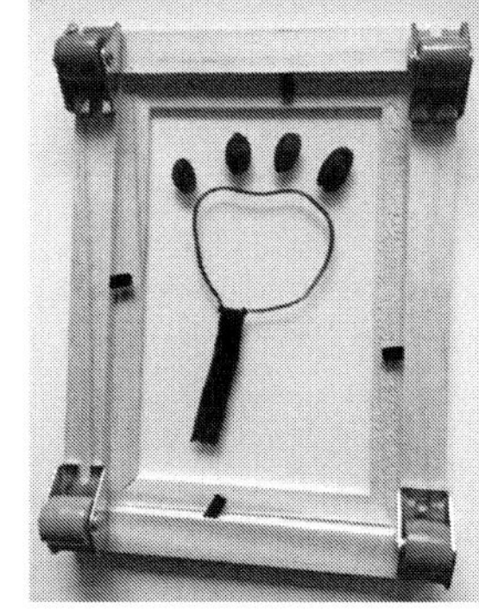

Dog-TV mit Fotos

Dog-TV mit Wimmelbild

Modul 3: Förderung auf morphologisch-syntaktischer Ebene

Wimmelbilder

Material	Wimmelbild laminiert
Kopiervorlagen	Vorlage 10 S. 75 (Vorlage 4 vergrößert, S. 67, 68)
Voraussetzungen Hund	
Ablauf	Bildkarte beispielsweise vom Marburger Sprachscreening oder Seiten eines Wimmelbuches kopieren und laminieren. Kleine Hundetatzen aus Papier auf bestimmte Stellen der Bildvorlage verteilen, je nachdem, was man im Satz fördern möchte: Präpositionen, Artikel etc., Kind soll die Dinge benennen (und Sätze bilden), auf denen eine Tatze liegt. Die Tatzen werden dann in einem Glas gesammelt und können gegen eine Belohnung eingetauscht werden.
Besonderer Hinweis	*Vorlage des Marburger Sprachscreenings (Holler-Zittlau et al.)*

Wörtertabellen

Material	Wörtertabelle vergrößert und laminiert
Kopiervorlagen	Vorlage 11 S. 76
Voraussetzungen Hund	Abwarten
Ablauf	Das Kind legt auf zwei verschiedene Felder jeweils ein Leckerli. Die Buchstaben, welche sich in dem Feld treffen, ergeben zusammengesetzt ein Wort. Der Hund darf auf ein ihm bekanntes Kommando die Leckerlis aufnehmen. Das Kind beobachtet, welches Leckerli der Hund zuerst nimmt. Mit dem in diesem Feld zusammengesetzten Wort werden ein Satz und eine Frage gebildet.
Besonderer Hinweis	

Hundgestützte Sprach- und Leseförderung
Ideen und Anregungen aus der Praxis für die Praxis – Bestell-Nr. 11 756

Einkaufen

Material	Kaufladengegenstände, Korb für den Hund
Kopiervorlagen	Vorlage 12 S. 77
Voraussetzungen Hund	Einen Korb tragen
Ablauf	Das Kind kauft bei der Lehrkraft bestimmte Gegenstände, die zuvor auf einen Einkaufszettel geschrieben wurden. Im Einkaufsgespräch sollen bestimmte Formulierungen verwendet werden, z.B. Guten Tag...ich hätte gerne...ich möchte gerne...kaufen...haben Sie auch...vielen Dank... auf Wiedersehen etc. Der Hund trägt den Einkaufskorb für das Kind.
Besonderer Hinweis	*Tragekorb beispielsweise von Reisenthel für den Kaufladen, zu erwerben unter:* *www.mytoys.de* *Über den Tragegriff sollte ein Stofftuch gebunden werden, sodass der Hund den Korb besser tragen kann.*

4.4 Ideen und Materialien im Bereich Leseförderung

Modul 1: Förderung der phonologischen Bewusstheit

Phonologische Bewusstheit bedeutet den Blickwinkel auf den formalen und lautlichen Aufbau der Sprache zu richten, unabhängig der Bedeutung. Als Beispiel kann hier die Frage „Welches Wort ist länger: Kuh oder Schmetterling?" genannt werden. Unabhängig der Bedeutung (eine Kuh ist länger als ein Schmetterling) müssen die Wörter auf den formalen und lautlichen Aspekt hin untersucht werden.

Den Begriff der phonologischen Bewusstheit unterteilt man in die phonologische Bewusstheit im weiteren sowie im engeren Sinn. Diese Unterteilung vereinfacht es, gezielte Fördereinheiten zu entwickeln.

Die Phonologische Bewusstheit im weiteren Sinn beinhaltet Fähigkeiten wie Reimerkennung oder Silbengliederung.

Phonologische Bewusstheit im engeren Sinn bezieht das Erkennen von Anfangslauten, die Lautumstellung oder die Erfassung einzelner Laute im Wort mit ein[42].

[42] vgl. Forster/Martschinke: Leichter lesen und ... , S.7 ff.

Drahtgestell

Material	Gestell mit gebogenem Draht (Material: Holzstange, Haken zur Befestigung des Drahtes, Draht), Leckerlis mit Loch zum Durchfädeln
Kopiervorlagen	
Voraussetzungen Hund	
Ablauf	Das Kind fädelt ein Leckerli auf den Draht und führt es langsam und konzentriert den Draht entlang. Am Rand des „Drahtweges" liegen Bildkarten. Kommt das Kind mit dem Leckerli an einer Bildkarte vorbei, muss ein passendes Reimwort gebildet werden.
Besonderer Hinweis	*Ein schöner Zusatz ist, die HundeLeckerlis für das Drahtgestell gemeinsam mit dem Kind zu backen, hier könnte zusätzlich das Lesen/Erstellen eines Rezeptes aufgegriffen werden.*

Reim-Aufgaben 2

Material	Große Buchstabenkarten/Anlautplakate des jeweiligen Leselehrgangs, Hundespielzeug
Kopiervorlagen	
Voraussetzungen Hund	Abwarten, Apportierfähigkeit
Ablauf	Etwa 10 große Buchstabenkarten oder Anlautplakate liegen auf dem Boden verteilt. Lehrkraft legt das Hundespielzeug auf einen Buchstaben. Kind muss ein Wort nennen, das mit diesem Buchstaben beginnt; Lehrkraft findet zu diesem Wort ein Reimwort. Dann darf das Kind dem Hund das Kommando geben, das Spielzeug zu apportieren. Nun sucht das Kind einen Buchstaben aus und legt das Hundespielzeug darauf, Lehrkraft sagt das Wort, Kind das Reimwort usw..
Besonderer Hinweis	*Sind Buchstaben noch nicht bekannt, können auch isolierte Anlautbilder verwendet werden – auch sinnvoll zur Festigung der Arbeit mit der jeweils verwendeten Anlauttabelle.*

Reim-Aufgaben 3 – Reimtäuschung

Material	Wortkarten (Reimwörter + Ablenker) vergrößert
Kopiervorlagen	Vorlage 19 S. 87
Voraussetzungen Hund	Bei Fuß gehen
Ablauf	Etwa 4 Wortkarten liegen in Form einer Straße auf dem Boden, alternativ für Nichtleser Bildkarten (Anfangslaut dazuschreiben). Kind geht mit dem Hund (an der Leine oder frei bei Fuß) die Wörterstraße zweimal hintereinander entlang. Zunächst zum Erfassen der Wörter/Bilder. Beim zweiten Ablaufen bleibt das Kind bei dem Wort/Bild stehen, von dem es denkt, dass es sich nicht mit dem ersten Wort/Bild reimt (Ablenker). Hund sollte ins Sitz gehen, sobald das Kind stehen bleibt.
Besonderer Hinweis	*Es kann hilfreich sein, dem Kind den Futterbeutel des Hundes umzubinden, sodass dieser konzentriert mitläuft. Die Übergabe des Futterbeutels sollte mit dem Signal erfolgen, welches für Übergaberituale ausgewählt wurde.* *Läuft der Hund mit, sollten nicht mehr als zwei Durchgänge gemacht werden.*

Hundgestützte Sprach- und Leseförderung
Ideen und Anregungen aus der Praxis für die Praxis – Bestell-Nr. 11 756

Silben-Aufgaben 1

Material	Ball
Kopiervorlagen	
Voraussetzungen Hund	Apportierfähigkeit
Ablauf	Hund liegt im Platz oder sitzt und bildet mit Lehrkraft und Kind einen großen Sitzkreis. Lehrkraft spricht ein Wort in der Robotersprache – das heißt in Silben (Scho-ko-la-de) vor und rollt dem Kind den Ball zu. Kind spricht das Wort für den Hund in „normaler“ Sprache (Schokolade) und rollt dem Hund den Ball zu. Hund bringt Ball der Lehrkraft zurück usw..
Besonderer Hinweis	

Silben-Aufgaben 2

Material	Silbenkarten
Kopiervorlagen	
Voraussetzungen Hund	Bei Fuß gehen
Ablauf	Silbenkarten, die zusammen ein Wort ergeben, liegen in Form einer Straße auf dem Boden. Das Kind geht Silbe für Silbe mit dem Hund ab. Am Ende sagt das Kind das vollständige Wort sowie die Silbenanzahl des Wortes.
Besonderer Hinweis	*Es kann hilfreich sein, dem Kind den Futterbeutel des Hundes umzubinden, sodass dieser konzentriert mitläuft. Die Übergabe des Futterbeutels sollte mit dem Signal erfolgen, welches für Übergaberituale ausgewählt wurde.* *Läuft der Hund mit, sollten nicht mehr als zwei Durchgänge gemacht werden.* *Hund kann am Ende die Silbenzahl auf ein bestimmtes Kommando (Bell/Laut etc.) bellen.* *Es ist empfehlenswert, günstigen Teppichboden in kleine Quadrate zu schneiden (Teppichfliesen) und darauf die Silben zu schreiben. Die Kinder können dann in Strümpfen über die Fliesen laufen.*

Silben-Aufgaben 3

Material	Arbeitsblatt
Kopiervorlagen	Vorlage 17 S. 85
Voraussetzungen Hund	
Ablauf	Es sollen „Wörterfreunde“ der Hunde gesucht werden. Das Kind darf die Anzahl der Silben des jeweiligen Hundes bellen (Mops – 1 Silbe, Dackel – 2 Silben, Labrador – 3 Silben, Dalmatiner – 4 Silben). Wörterfreunde sind die Wörter mit gleicher Silbenanzahl. Diese werden in die jeweilige Spalte geschrieben.
Besonderer Hinweis	*Bei Nichtlesern kann diese Übung auch als Spiel mit Schleichhunden und Bildkarten durchgeführt werden. Zunächst muss die Silbenanzahl der Hunde geklärt werden, wonach diese dann auch aufgereiht werden. Vor jedem Hund sollte ein kleines Körbchen stehen (kleine Plastikkisten oder Kartons). Die Lehrkraft zeigt dem Kind jeweils eine Bildkarte, lässt diese benennen sowie in Silben zerlegen. Das Kind überlegt, zu welchem Hund die Bildkarte gehört und legt sie in das entsprechende Körbchen.* *Schleichfiguren zu erwerben unter:* *www.amazon.de*

Phonemanalyse und Lauttraining 1

Material	Teppichfliesen, Hundespielzeuge oder Leckerlis
Kopiervorlagen	
Voraussetzungen Hund	Slalomparcours laufen
Ablauf	Lehrkraft spricht Wörter, wahlweise kurze Wörter aus den Wortfeldern Hund/Tiere/Schule langsam vor. Kind legt für jeden gehörten Laut ein Hundespielzeug oder Leckerli auf eine Teppichfliese (angeordnet in einer Art Slalomparcours). Am Ende darf gemeinsam mit dem Hund Slalom an den Teppichfliesen vorbei gelaufen werden. Der Hund wird mit einem kurzen Spiel/Leckerli belohnt.
Besonderer Hinweis	

Hundgestützte Sprach- und Leseförderung
Ideen und Anregungen aus der Praxis für die Praxis – Bestell-Nr. 11 756

Phonemanalyse und Lauttraining 2

Material	Laminierte Bildkarten mit gleichen An- oder Endlauten, Ablenker
Kopiervorlagen	
Voraussetzungen Hund	Gegenstand in einen Eimer/Kiste werfen
Ablauf	Drei Bildkarten mit gleichen An- oder Endlauten, sowie eine Bildkarte mit anderem An- oder Endlaut (Ablenker) liegen vor dem Kind. Kind sortiert die Karten gemeinsam mit dem Hund. Die Karte mit anderem An- oder Endlaut kommt in einen Eimer. Hund wirft eventuell die Karte für das Kind in den Eimer hinein.
Besonderer Hinweis	*Damit der Hund die Bildkarte anheben kann, empfiehlt es sich, Korken mit Pattafix auf die Bildkarten zu kleben. Diese kann man nach jedem Durchgang zügig entfernen und für die neuen Bildkarten verwenden. Bildkarten müssen hierfür laminiert sein!*

Training mit dem Fädelhund

Material	Fädelhund aus Sperrholz, Schnürsenkel, Holzperle
Kopiervorlagen	
Voraussetzungen Hund	
Ablauf	Der Schnürsenkel wird Loch für Loch eingefädelt, während des Fädelns werden Wörter in Silben zerlegt gesprochen. Alternativ können während des Fädelns auch Reimwörter gesprochen oder Anlaute benannt werden (K wie Keller).
Besonderer Hinweis	*Auch die Feinmotorik wird hier gefördert. Fädelhund erhältlich unter www.logo-hund.de.*

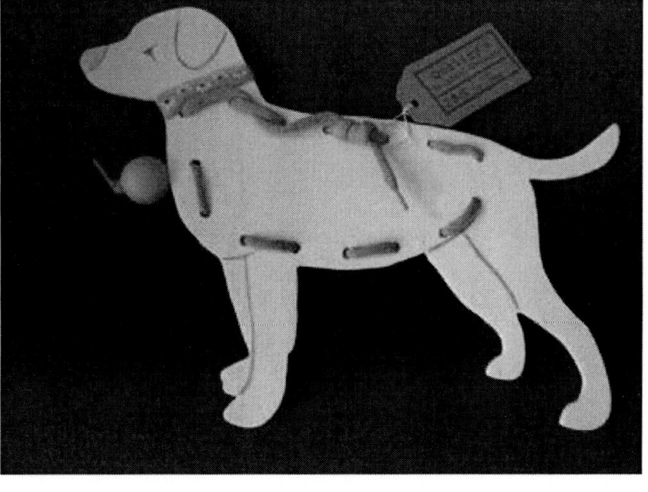

Modul 2: Förderung der Synthese

Buchstabenstraße-Lesen mit Füßen und Pfoten

Material	Große Buchstabenkarten oder Teppichfliesen mit Buchstaben beschriftet
Kopiervorlagen	
Voraussetzungen Hund	Bei Fuß gehen
Ablauf	Buchstaben, die gut synthetisiert werden können (z.B. A, M, L, N, O - nicht aber K, T, P etc.), werden auf großen Karten abgebildet und in Form einer Straße auf den Boden gelegt. Das Kind stellt sich auf den ersten Buchstaben und lautiert diesen so lange, bis es mit einem Fuß einen Schritt nach vorne auf den nächsten Buchstaben gemacht hat und diesen lautiert. So wird die Synthese eingeübt. Es ist sinnvoll, zu Beginn Pseudowörter zu verwenden. Der Hund kann begleitend neben dem Kind laufen.
Besonderer Hinweis	*Es kann hilfreich sein, dem Kind den Futterbeutel des Hundes umzubinden, sodass dieser konzentriert mitläuft. Die Übergabe des Futterbeutels sollte mit dem Signal erfolgen, welches für Übergaberituale ausgewählt wurde.* *Läuft der Hund mit, sollten nicht mehr als zwei Durchgänge gemacht werden.* *Es ist sinnvoll, die Buchstaben auf Teppichfliesen zu schreiben, da die Kinder besser auf diesen laufen können.*

Hundgestützte Sprach- und Leseförderung
Ideen und Anregungen aus der Praxis für die Praxis – Bestell-Nr. 11 756

Buchstabentabellen

Material	Buchstabentabelle vergrößert und laminiert
Kopiervorlagen	Vorlage 13 S. 78
Voraussetzungen Hund	Abwarten
Ablauf	Das Kind legt auf zwei verschiedene Felder jeweils ein Leckerli. Die Buchstaben, welche sich in diesem Feld treffen, werden zusammengezogen. Der Hund darf auf ein ihm bekanntes Kommando die Leckerlis aufnehmen. Das Kind beobachtet, welches Leckerli der Hund zuerst nimmt. Mit den in diesem Feld zusammengezogenen Buchstaben wird ein Wort gebildet. (scha – Schaf)
Besonderer Hinweis	

Buchstabenbälle

Material	2 beschriftbare Bälle
Kopiervorlagen	
Voraussetzungen Hund	Apportierfähigkeit
Ablauf	2 Bälle werden mit Buchstaben beschriftet. Das Kind rollt beide Bälle in verschiedene Ecken des Raumes und beauftragt den Hund, einen Ball zu ihm zurückzubringen. Der Hund wählt somit für das Kind seinen Lieblingsbuchstaben aus. Mit diesem Buchstaben werden 3 Wörter gebildet und auf einem Plakat festgehalten. Das Plakat erweitert sich somit von Woche zu Woche um mehrere Wörter.
Besonderer Hinweis	*Verwendet man nicht wasserfeste Folienstifte, so können die Buchstaben problemlos wieder entfernt werden.* *Als Spielvariation kann auch der Buchstabenball von Prolog verwendet werden, welcher vom Hund angestupst wird; zu erwerben unter: www.prolog-therapie.de*

Leseschieber

Material	Leseschieber laminiert oder aus Sperrholz ausgesägt
Kopiervorlagen	Vorlage 14 S. 79
Voraussetzungen Hund	
Ablauf	Bei der Arbeit mit dem Leseschieber geht es um das Einüben der Synthese sowie die Schulung der Sinnerwartung (Ma...welches Wort könnte das sein?)
Besonderer Hinweis	*Zu verwenden wie das Lesekrokodil, welches vielen Kollegen aus der Primarstufe ein Begriff ist. Leseschieber erhältlich unter www.logo-hund.de.*

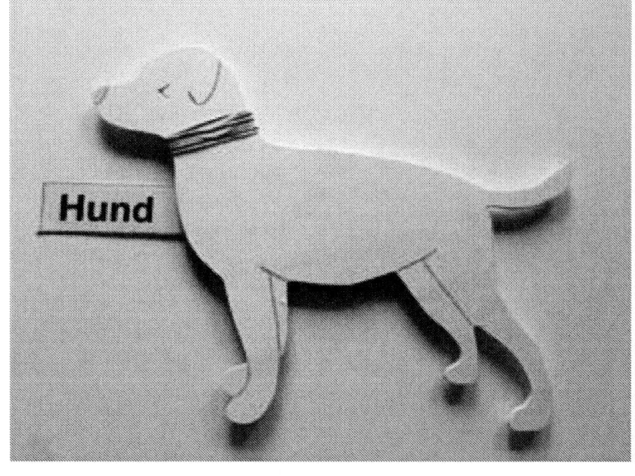

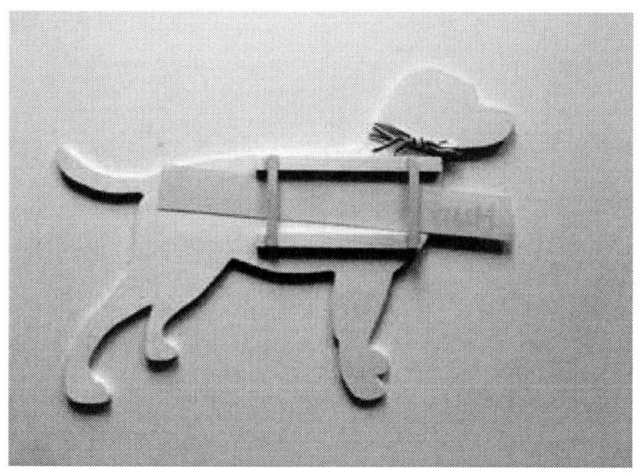

Hundgestützte Sprach- und Leseförderung
Ideen und Anregungen aus der Praxis für die Praxis – Bestell-Nr. 11 756

Modul 3: Förderung auf Ganzwortebene

Bücher lesen

Material	Bücher des Lesebaumverlags mit Hund Floppy
Kopiervorlagen	
Voraussetzungen Hund	
Ablauf	Die Bücher des Lesebaumverlags arbeiten zunächst auf der Ganzwortebene und handeln von einer Familie und deren Hund Floppy. Es gibt Bücher in verschiedenen Schwierigkeitsstufen. Die Schüler können in jeder Förderstunde ohne Probleme ein ganzes Buch lesen, was sehr motivierend ist. Die Lehrkraft liest den Großteil der Geschichte, welche im Lehrerbegleitheft abgedruckt ist, und das Kind steigt an verschiedenen Stellen mit ein.
Besonderer Hinweis	*www.lesebaum.de*

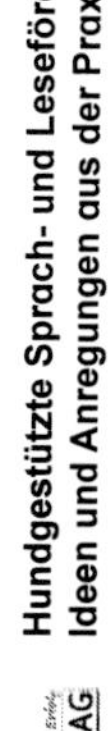

Memory

Material	Memorykarten mit Ganzwörtern vergrößern, laminieren
Kopiervorlagen	
Voraussetzungen Hund	Abwarten
Ablauf	In den Begleitheften des Lesebaumverlags finden sich Memorykarten zu den einzelnen Geschichten. Zusätzlich kann man Blanko-Karten erstellen und laminieren, sodass diese individuell vom Kind beschriftet werden können. Die vergrößerten und laminierten Karten werden großflächig auf dem Boden verteilt. Das Kind lässt einen Ball über die Karten rollen und deckt die Karte auf, neben der der Ball liegen bleibt (nächst gelegene Karte). Dann versucht das Kind die Partnerkarte zu finden. Ab und zu darf der Hund den Ball zurückbringen.
Besonderer Hinweis	*www.lesebaum.de*

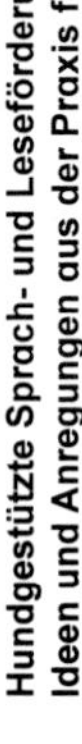

Blitzwortkarten

Material	Blitzwortkarten
Kopiervorlagen	Vorlage 15 S. 80
Voraussetzungen Hund	An Schubladen ziehen, Deckel öffnen
Ablauf	Jeweils 5 Wörter liegen in einer Schublade/Box/doMokiro. Der Hund wird beauftragt an einer Schublade zu ziehen/ einen Deckel zu öffnen. Er wählt somit die Blitzwortkarten für das Kind aus. Diese Karten übt das Kind zu Hause im Blitzworttraining (nur kurz auf die Karte schauen und als Ganzwort erfassen).
Besonderer Hinweis	*Gut zu verwenden sind Intelligenzspielzeuge für Hunde mit Schubladen.* *Hundespiele zu erwerben unter: www.trixie.de* *Für alle Arten von Spielen, bei denen der Hund Deckel für das Kind öffnen soll, eignet sich das Materia/Lernspiel* **doMokiro von Dogmentor**; *zu erwerben unter: www.dogmentor.de*

doMokiro

Hundgestützte Sprach- und Leseförderung
Ideen und Anregungen aus der Praxis für die Praxis – Bestell-Nr. 11 756

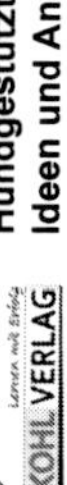

Modul 4: Lesen durch Schreiben

Postkarten

Material	Postkarten
Kopiervorlagen	Vorlage 8 S. 73
Voraussetzungen Hund	
Ablauf	Das Kind verfasst eine Postkarte an den Hund, je nach individuellem Stand kann gemalt und/oder geschrieben werden. Die Postkarte kann eine freiwillige Hausaufgabe oder Bestandteil der Stunde sein. In der Leseecke wird sie dann für den Hund vorgelesen.
Besonderer Hinweis	*Die Postkarten sollten nicht nach Rechtschreibkriterien korrigiert werden.*

Hunde-Tagebuch

Material	Tagebuch
Kopiervorlagen	
Voraussetzungen Hund	
Ablauf	Das Kind überlegt nach der Stunde, wie der Hund die Stunde erlebt haben könnte und was er nach dieser Stunde in sein Tagebuch schreiben würde. Da der Hund nicht schreiben kann, darf das Kind dies für den Hund übernehmen.
Besonderer Hinweis	*Das Einnehmen einer anderen Perspektive und das Hineinversetzen in ein Tier werden zusätzlich geschult.*

Hunde-Geschichten

Material	Verschiedene kleine Gegenstände
Kopiervorlagen	
Voraussetzungen Hund	
Ablauf	Der Hund bringt im Korb oder Futterbeutel verschiedene Gegenstände zum Kind. Mögliche Rahmengeschichte: Der Hund hat diese Gegenstände bei einem Abenteuerspaziergang durch einen Fantasiewald für das Kind gesammelt und möchte nun wissen, wie diese in den Wald gekommen sind. Das Kind schreibt für den Hund eine kleine Geschichte, in der diese Gegenstände vorkommen (Reizwortgeschichte).
Besonderer Hinweis	*Die Gegenstände sollten zum Nachdenken anregen, vielleicht auch in ihrer Kombination irritieren. Beispielsweise könnte der Hund einen Schlüssel, ein Pflaster und eine Prinzessin/einen Prinzen mitbringen.*

Fantasiegeschichte-Mogli und das Zauberbuch

Material	Geschichte „Mogli und das Zauberbuch“
Kopiervorlagen	Vorlagen 16 S. 81-84
Voraussetzungen Hund	
Ablauf	Die Geschichte wird dem Kind in entspannter Atmosphäre vorgelesen. Anschließend kann das Bauernhofbild ausgemalt, getupft, geprickelt etc. werden.
Besonderer Hinweis	*Nehmen Kinder an der Leseförderung mit Hund teil, ist es sinnvoll, die Geschichte zu Beginn der Fördereinheit vorzulesen.* *Auch das Kind soll während des Vorlesens innere Bilder entwickeln, über die später gesprochen wird.* *Weiterer Vorteil der Geschichte:* *Die Kinder mutmaßen auch bei anderen Geschichten, welche inneren Bilder der Hund haben könnte. Erzählanlass!*

Hundgestützte Sprach- und Leseförderung
Ideen und Anregungen aus der Praxis für die Praxis – Bestell-Nr. 11 756

5 Reflexion

Kollegen, die bereits hundgestützt gearbeitet haben, wissen, welche positiven Erfolge man bei gut organisierter Arbeit erzielen kann. Natürlich kann nicht ein einzelner Hund alle Übungen ausführen, die in der Praxiskartei Erwähnung finden. Obwohl ich versucht habe, Übungen auszuwählen, die einfache Grundkommandos voraussetzen, sollte man diese beim Hund keinesfalls erzwingen. Jeder Hund hat andere Stärken und besondere Fähigkeiten, die genutzt werden sollten. Viele der Übungen sind auch ohne Einbeziehung des Hundes umzusetzen und machen den Schülern Spaß, auch wenn der Hund nur zuhört oder zuschaut.

Da es sich oft um intensive Übungen aus der Einzel- und Kleingruppenförderung handelt, ist es sinnvoll, den Hund nicht länger als höchstens 4 Stunden hintereinander einzusetzen. Der häufige Schülerwechsel und das Einstimmen auf die neue Situation sind für Lehrkraft und Hund anstrengend.

Bezüglich der Evaluation der Arbeit hat es sich als sinnvoll herausgestellt, neben einer qualitativ durchgeführten Diagnostik, Lese- sowie Sprachproben auf Tonband aufzunehmen. Besonders das Aufzeichnen der Leseproben zeigt deutlich, welche Fortschritte einzelne Schüler erzielen, beispielsweise im Bereich der Wortbetonung oder Synthese.

Während der Fördereinheit mit dem Hund sollten alle Förderstunden mit Inhalt sowie Fortschritten und Reaktionen des Kindes kurz dokumentiert werden.

Unter die Dokumentation fallen natürlich auch besondere Reaktionen des Hundes wie Beschwichtigungs- oder Stresssignale. Da dies ein sehr wichtiges Gebiet innerhalb der Arbeit mit dem Hund darstellt, sind Seminare und das Studieren von ausgewählter Literatur besonders zu empfehlen, beispielsweise die Bücher „Schreck lass nach!" von Heike Westedt oder „Calming Signals – die Beschwichtigungssignale der Hunde" von Turid Rugaas.

Glücklicherweise entwickelt sich die Weiterbildung zum „Schulhund-Team" zunehmend weiter und Mindestanforderungen und Standards (zum jetzigen Zeitpunkt noch freiwillig einzuhalten) sorgen für professionelles Arbeiten.

Trotz dieser positiven Entwicklung gibt es, wie bereits erwähnt, derzeit noch keine gesetzlich vorgeschriebene Weiterbildung zum Schulhund-Team.

Was die Gestaltung der Fördereinheiten betrifft, sind unserer Fantasie keine Grenzen gesetzt. Mit dem nötigen theoretischen und praktischen Hintergrundwissen und der Einhaltung bestimmter Standards und Hygienevorschriften ist es uns möglich, Einheiten zu entwickeln, die Kinder in ganz besonderer Weise unterstützen können.

Vorlage 1: Fertig-Plan

		Fertig
Fingerübungen	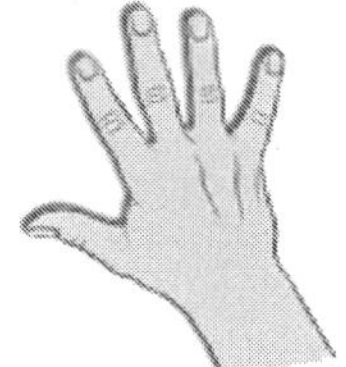	
Luftstrom		
Saugen		
Zungenturnen		
Lieblingsreim/ Lieblingslied		

Vorlage 2: Mundmotorikkarten

Bild-Nr.	Einteilung der mundmotorischen Übungen mit kurzer Erklärung
	Übungen zur Lippenkraft
1	Kussmund machen, Lippen spitzen
2	Aus Strohhalm trinken, möglichst dünnen Strohhalm verwenden
	Übungen zur Luftstromlenkung
3	In Papiertröte pusten, sodass sich diese aufrollt, aber keinen Ton abgibt, dosierte Luftstromlenkung. Diese Übung sollte langsam durchgeführt werden
4	Eine Papiertröte als reine Nasentröte kennzeichnen. Die Lehrkraft/Therapeutin hält ihren rechten Daumen an das Kinn des Kindes, der Mittelfinger wird locker an die Lippen gelegt, sodass der Mund wenn möglich geschlossen bleibt, der Zeigefinger liegt locker an der Nasenscheidewand des Kindes an, sodass das rechte Nasenloch sanft verschlossen wird. Das Kind atmet durch das freie Nasenloch ein, legt die Tröte an das Nasenloch und atmet gleichmäßig durch die Tröte aus. Es darf kein Ton aus der Tröte erklingen. Langsame und sensible Herangehensweise notwendig! Danach einen Seitenwechsel vornehmen. **Diese Übung darf niemals bei erkälteten Kindern durchgeführt werden!**
Hinweis:	*Die Übungen zur Luftstromlenkung sollten anfangs nie direkt hintereinander und in einer Förderstunde durchgeführt werden. Eine Übung sollte gefestigt sein, bevor man mit der nächsten beginnt.*
	Übungen zur Zungenbeweglichkeit und Lippensensibilität
5	Mit Zunge langsam an Oberlippe entlangfahren
6	Mit Zunge langsam an Unterlippe entlangfahren
7	Mit Zunge langsam an/auf oberer Zahnreihe entlangfahren
8	Mit Zunge langsam an/auf unterer Zahnreihe entlangfahren
9	Mit Zunge schnalzen (verschiedene Rhythmen möglich)
10	Zungenspitze Richtung Nase strecken, bei geöffnetem Kiefer
11	Zungenspitze Richtung Kinn strecken, bei geöffnetem Kiefer
12	Zunge rausstrecken und darauf einige Sekunden z.B eine Schokolinse balancieren, Zunge dabei von rechts nach links bewegen, Schokolinse von einer in die andere Wangentasche transportieren.
13	Mit Zungenspitze den rechten Mundwinkel berühren, bei geöffnetem Kiefer
14	Mit Zungenspitze den linken Mundwinkel berühren, bei geöffnetem Kiefer

Bild 1

Bild 2

Bild 3

Bild 4

Bild 5

Bild 6

Tierschutz-Hinweis: Diese Übungen soll keinesfalls der Hund durchführen! Darauf ist das Kind zusätzlich aufmerksam zu machen (siehe Hinweis auf Seite 31-33).

Hundgestützte Sprach- und Leseförderung
Ideen und Anregungen aus der Praxis für die Praxis – Bestell-Nr. 11 756
KOHL VERLAG

Bild 7

Bild 8

Bild 9

Bild 10

Bild 11

Bild 12

Tierschutz-Hinweis: Diese Übungen soll keinesfalls der Hund durchführen! Darauf ist das Kind zusätzlich aufmerksam zu machen (siehe Hinweis auf Seite 31-33).

Bild 13

Bild 14

Tierschutz-Hinweis: Diese Übungen soll keinesfalls der Hund durchführen! Darauf ist das Kind zusätzlich aufmerksam zu machen (siehe Hinweis auf Seite 31-33).

Vorlage 3: Spielkarten Hund

Vorlage 4: Erzählkarten

KOHL VERLAG Lernen mit Erfolg
Hundgestützte Sprach- und Leseförderung
Ideen und Anregungen aus der Praxis für die Praxis – Bestell-Nr. 11 756

6 Kopiervorlagen

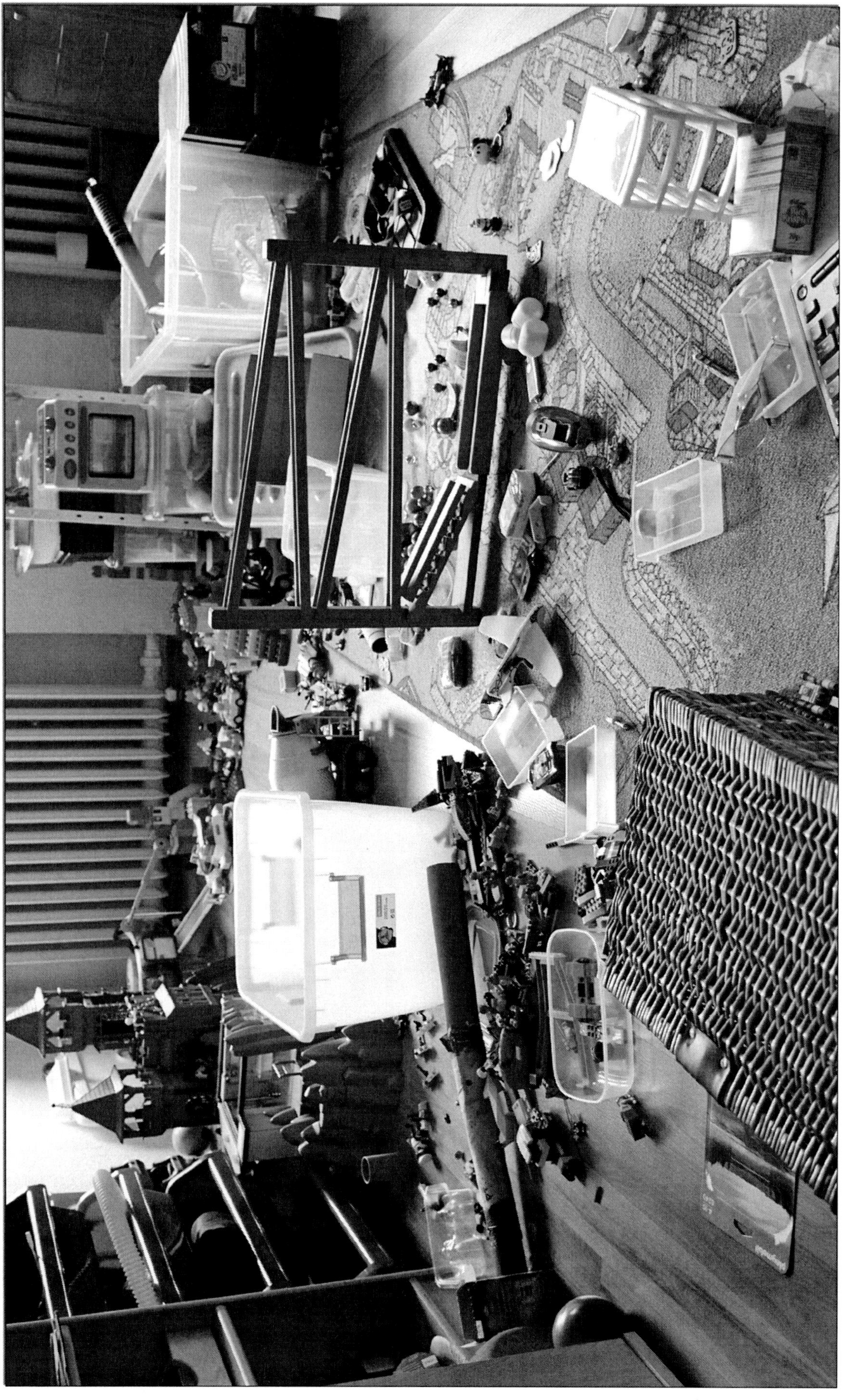

Vorlage 5: Umriss Hund

Hundgestützte Sprach- und Leseförderung
Ideen und Anregungen aus der Praxis für die Praxis – Bestell-Nr. 11 756
KOHL VERLAG

Hundgestützte Sprach- und Leseförderung
Ideen und Anregungen aus der Praxis für die Praxis – Bestell-Nr. 11 756

Vorlage 6: Minimalpaare K/T

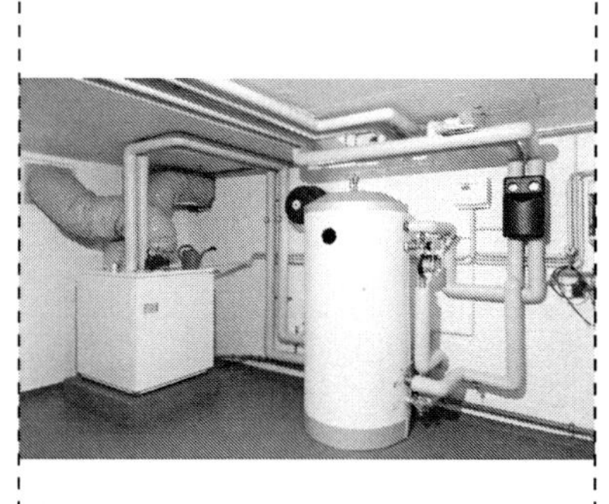

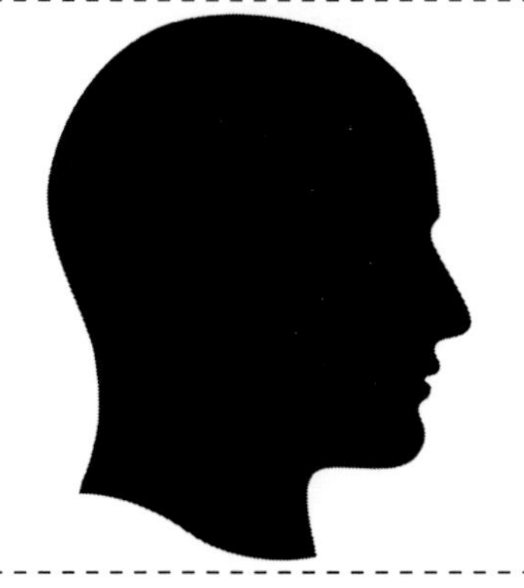

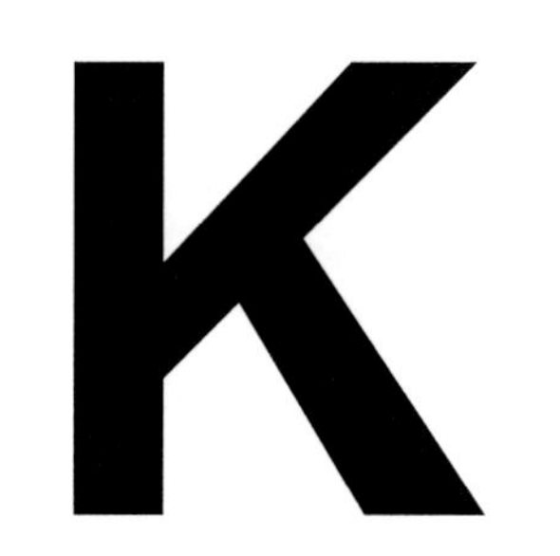

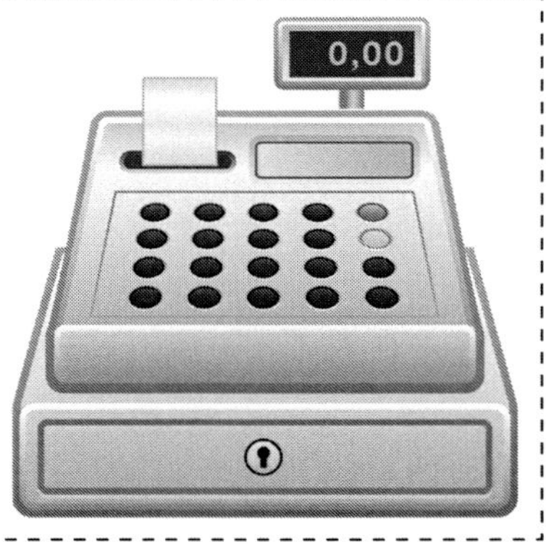

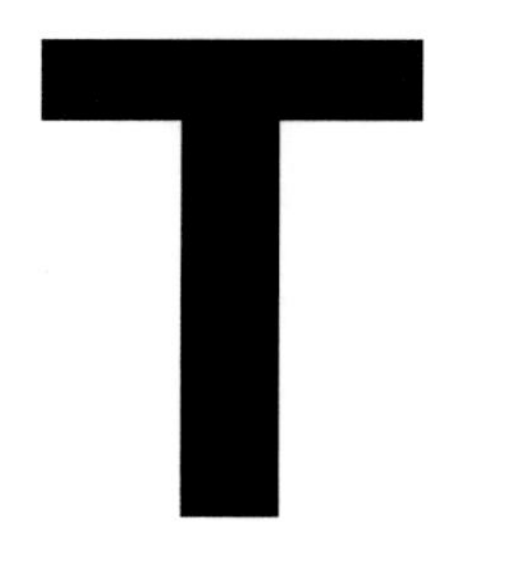

(Tanne, Kanne, Katze, Tatze, Kopf, Topf, Kasse, Tasse, Keller, Teller)

Hundgestützte Sprach- und Leseförderung
Ideen und Anregungen aus der Praxis für die Praxis – Bestell-Nr. 11 756
KOHL VERLAG

Vorlage 7: Kinderlieder

Alle meine Entchen
schwimmen auf dem See,
schwimmen auf dem See.
Köpfchen unter Wasser,
Schwänzchen in die Höh.
(altes Volkslied)

Hänschen klein, ging allein,
in die Weite Welt hinein.
Stock und Hut steht ihm gut,
ist gar wohlgemut.
(Text: Franz Wiedemann)

Hundgestützte Sprach- und Leseförderung
Ideen und Anregungen aus der Praxis für die Praxis – Bestell-Nr. 11 756

Vorlage 8: Postkarte

Liebe/r ______________________________

____

____

____

____

____

Liebe/r ______________________________

____

Hundgestützte Sprach- und Leseförderung
Ideen und Anregungen aus der Praxis für die Praxis – Bestell-Nr. 11 756

Vorlage 9: Erzählbild Hund

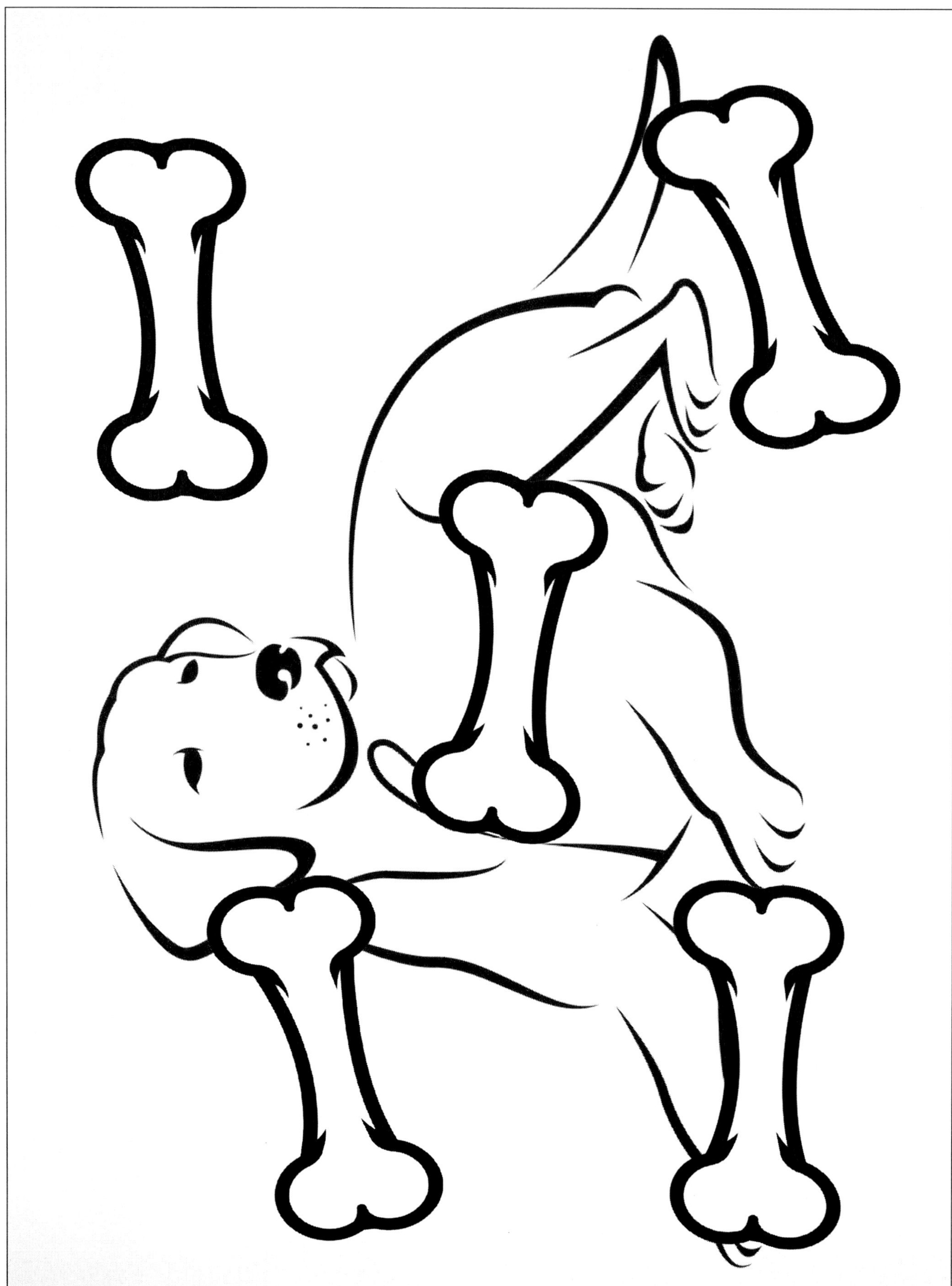

KOHL VERLAG Lernen mit Erfolg
Hundgestützte Sprach- und Leseförderung
Ideen und Anregungen aus der Praxis für die Praxis – Bestell-Nr. 11 756

Vorlage 10: Hundetatzen

Hundgestützte Sprach- und Leseförderung
Ideen und Anregungen aus der Praxis für die Praxis – Bestell-Nr. 11 756

Vorlage 11: Wörtertabelle

	EN	ER	E
MAL			
LIEB			
SPRECH			
FAHR			
KLEIN			

Vorlage 12: Einkaufszettel

Vorlage 13: Buchstabentabelle

	A	I	O
M			
L			
Sch			
F			
N			

Vorlage 14: Leseschieber

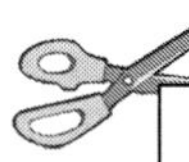

Hund

lesen

Anleitung:

- Hund auf dünne Pappe kleben.
- Hund und Wortstreifen entlang der Linie ausschneiden. Entlang des Striches einritzen.
- Wortstreifen blanko kopieren und laminieren. Mit Folienstiften individuell beschriften.

Hundgestützte Sprach- und Leseförderung
Ideen und Anregungen aus der Praxis für die Praxis – Bestell-Nr. 11 756

Vorlage 15: Blitzwortkarten

Haus	mit	Schule	ein	habe	aber	für
das	zu	Hund	im	ich	wir	alle
der	im	Auto	aus	klein	du	den
die	in	ist	am	eine	hat	nicht

KOHL VERLAG
Hundgestützte Sprach- und Leseförderung
Ideen und Anregungen aus der Praxis für die Praxis – Bestell-Nr. 11 756

Vorlage 16: Mogli und das Zauberbuch

Mogli und das Zauberbuch

Ich bin Mogli, ein großer brauner Hund. Vielmehr bin ich ein Labrador. So würden es meine Menschen zumindest sagen.

Ich bin kein gewöhnlicher Hund. Mein Frauchen Tina sagt immer, ich sei ein Leselernhund.

Leselernhund, was soll das schon sein? Ich verstehe Tina einfach nicht. Hauptsache, sie nimmt mich manchmal mit zu ihrer Arbeit. Sie sagt, sie muss arbeiten, damit sie mir meine Lieblingsknochen kaufen kann. Das verstehe ich natürlich gut und wecke sie deshalb jeden Morgen um 6 Uhr, damit sie auch zur Arbeit geht.

Tina arbeitet als Lehrerin an einer Schule. Nicht an einer Hundeschule, sondern an einer Menschenkinderschule.

Bevor sie zur Schule geht, nimmt sie immer so eine große braune Tasche mit. Sie sagt, da sind ganz viele Bücher drin. Manchmal nimmt sie auch mich mit. Dann sagt sie wieder: „Heute brauchen wir Mogli, den Leselernhund“. Das habe ich bis jetzt noch nicht verstanden, aber ich freue mich immer, wenn ich zu den Kindern darf.

„Mogli, los gehts, es ist schon 7 Uhr!“, ruft Tina hektisch.

Ja, ja, ich komme ja schon! Bloß keine Zeit verlieren und schnell zur Arbeit, damit sie mir wieder Knochen kaufen kann.

In der Schule angekommen, lege ich mich zuerst auf meine Decke. Lieber noch eine Runde schlafen, bevor die Kinder kommen.

Ding dong….. Oh da ist es, das Geräusch. Es bedeutet, dass gleich Kinder kommen und mit mir spielen! Ich liebe diese Schultage.

Plötzlich klopft es an der Tür und ein blondes Menschenkind guckt durch einen kleinen Spalt hinein. „Darf ich reinkommen?“, fragt sie ganz leise.

Na klar, belle ich. Ich warte schon auf dich. Los, jetzt streichle mich schon.

Gesagt, getan und ich bekomme wieder diese wunderbare Morgenmassage. Ach, tut das gut.

Hundgestützte Sprach- und Leseförderung
Ideen und Anregungen aus der Praxis für die Praxis – Bestell-Nr. 11 756

Doch was hat das Menschenkind in seiner Hand? Es ist wieder so etwas, das Tina Buch nennt. Ich verstehe nicht, was die Menschen damit machen. Ob man das essen kann??

Ich versuche einfach mal daran zu lecken.

„Nein Mogli, das kann man doch nicht essen", sagt das Mädchen sofort, „das ist doch ein Buch!"

OK, man kann es also nicht essen. Wozu hat man es dann? Schon eigenartig diese Menschen.

„Wie heißt denn das Buch, das du mitgebracht hast?", fragt Tina das kleine blonde Mädchen.

„Es heißt Tobi und sein Pony", sagt das Mädchen stolz, „ich möchte es unbedingt für Mogli vorlesen!"

Da ist es wieder dieses Wort „vorlesen" und ich bin ein „Leselernhund", sagt Tina immer.

„Toll, da wird sich Mogli bestimmt freuen, er ist schließlich ein Leselernhund."

OK, schon wieder dieses Wort. Ich bin jetzt wirklich gespannt, was passieren wird.

„Lieber Mogli, ich werde dir jetzt mein Lieblingsbuch vorlesen, hast du Lust?"

Und ob ich Lust habe, ich bin so gespannt, was in diesem Buch wohl drin ist.

Das kleine Mädchen fängt an zu lesen. Es liest und liest und liest und es ist wunderschön.

Ich glaube, es ist ein Zauberbuch, was da alles rauskommt. Woher weiß das Mädchen, was alles in dem Buch drin ist. Ich genieße es einfach, so viele schöne Dinge zu hören.

Sie liest von Ponys, von Blumenwiesen und von Kindern.

Und dann zeigt sie mir plötzlich etwas aus dem Buch.

„Hier Mogli schau, dieses Wort heißt Bauernhof."

Hundgestützte Sprach- und Leseförderung
Ideen und Anregungen aus der Praxis für die Praxis – Bestell-Nr. 11 756

Bauernhof? Aber das kann doch nicht sein, der ist doch riesengroß. Wenn ich meinen Freund dort besuche, können wir immer ganz viel laufen. Das ist doch viel zu klein für einen Bauernhof. Ich wusste es, das ist ein Zauberbuch. Vielleicht muss man einen Zauberspruch sagen und dann ist man plötzlich auf einem ganz großen Bauernhof.

Das kleine Mädchen liest weiter aus dem Buch vor. Ich mache die Augen zu und warte. Und tatsächlich, ich bin auf einem Bauernhof und dort ist auch Tobi mit seinem Pony. Die beiden spielen zusammen. Man, ist das toll hier. Ich wusste es, das Menschenkind hat ein Zauberbuch mitgebracht. Eben war ich noch in der Schule und plötzlich befinde ich mich auf dem schönsten Bauernhof, den ich je gesehen habe. Schmetterlinge fliegen mir um die Schnauze und es duftet herrlich nach Essen.

„Mogli aufwachen, du bist ja fast eingeschlafen“, ruft plötzlich eine mir bekannte Stimme. Es war das Menschenkind.

Wo ist der Bauernhof? Warum bin ich in der Schule?

„Das Buch ist zu Ende lieber Mogli“, sagt das kleine blonde Mädchen, „hat es dir gefallen?“

Und ob es mir gefallen hat, dieses Zauberbuch. Ich wedle mit dem Schwanz und hoffe, dass sie weiter liest.

„Nächste Woche komme ich wieder. Dann bringe ich ein anderes Buch für dich mit“, sagt das Mädchen.

Ein anderes Zauberbuch? Gibt es da etwa noch mehr. Das ist ja fantastisch. Ich liebe diese Bücher. Ob ich dann wieder auf so einem tollen Bauernhof lande?

„Ich freue mich, wenn du mir und Mogli wieder ein so schönes Buch vorliest“, sagt Tina stolz zu dem kleinen Mädchen.

Oh ja, wenn Leselernhund bedeutet, dass ich an so tolle Orte reisen kann, indem mir Menschenkinder aus ihren Zauberbüchern vorlesen, dann freue ich mich riesig!

Ich bin gespannt auf meinen nächsten Schultag als Leselernhund.

Mal sehen, was die Bücher dann noch so zaubern können.

Hundgestützte Sprach- und Leseförderung
Ideen und Anregungen aus der Praxis für die Praxis – Bestell-Nr. 11 756

KOHL VERLAG Hundgestützte Sprach- und Leseförderung
Ideen und Anregungen aus der Praxis für die Praxis – Bestell-Nr. 11 756

Vorlage 17: Wörterfreunde

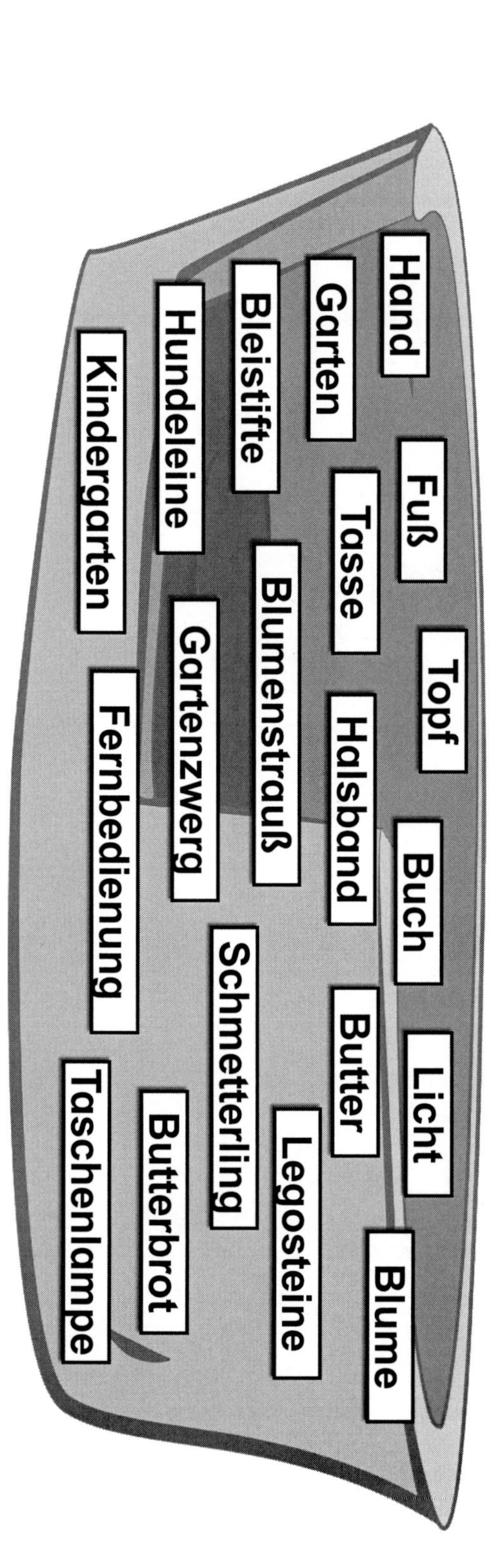

KOHL VERLAG
Hundgestützte Sprach- und Leseförderung
Ideen und Anregungen aus der Praxis für die Praxis – Bestell-Nr. 11 756

Vorlage 18: Vokale

A

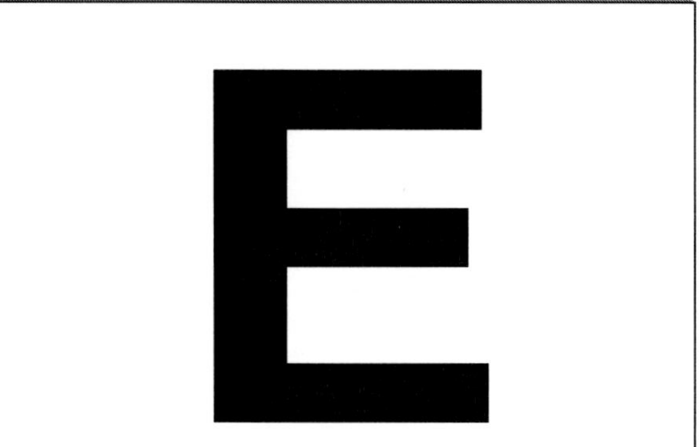

I

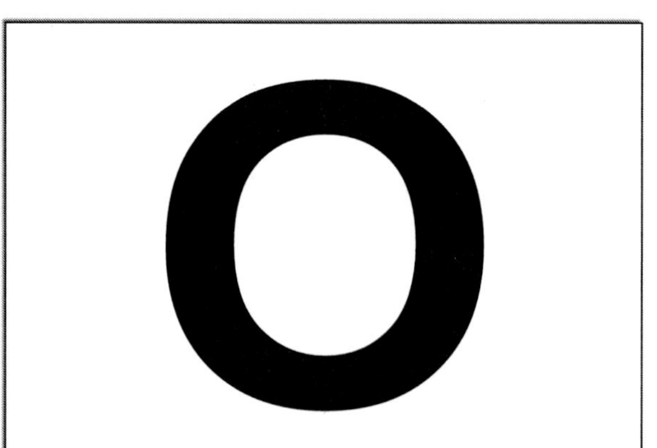

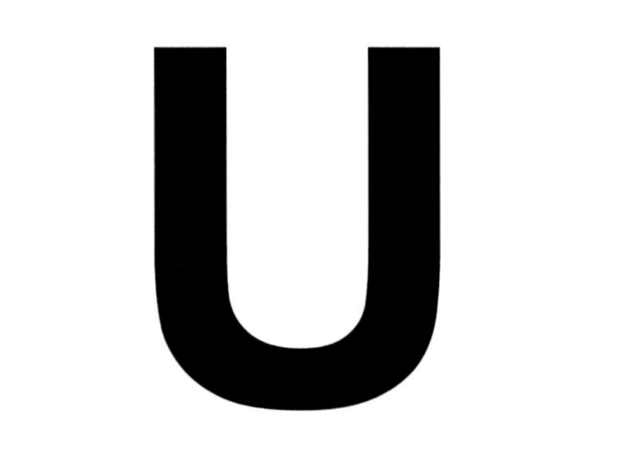

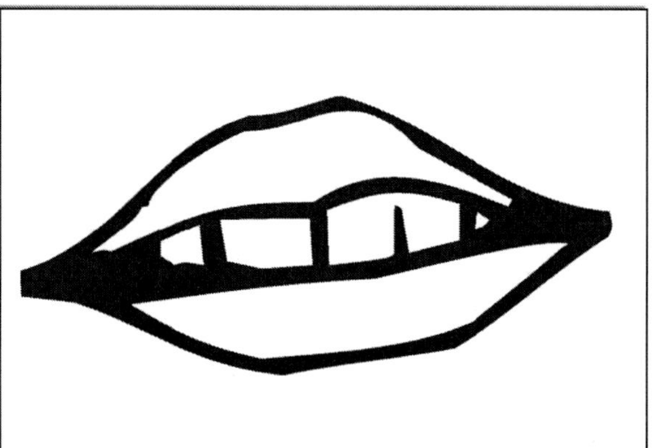

Hundgestützte Sprach- und Leseförderung
Ideen und Anregungen aus der Praxis für die Praxis – Bestell-Nr. 11 756
KOHL VERLAG

Vorlage 19: Reimtäuschung

Bus	Nase	Hund	Tisch
Laus	Lose	Vase	rund
Maus	Dose	Hase	Hund
Haus	Hose	Nase	Mund

Vorlage 20: Einverständniserklärung

Einverständniserklärung
Hundgestützte sprachheilpädagogische Förderung

_______________ , _______________

Sehr geehrte Eltern,

Ihr Kind hat die Möglichkeit an einer hundgestützten Sprachförderung teilzunehmen.

Die Förderung findet in _______________ statt. Durchgeführt wird die Förderung durch _____________ mit Begleithund____________________.

Selbstverständlich werden strenge Hygienevorschriften eingehalten

- Eine gute Allgemeinverfassung des Hundes, regelmäßige Entwurmung, vorgeschriebene Impfungen und Ektoparasitenprophylaxe werden dokumentiert
- Eine Möglichkeit zum Händedesinfizieren ist im Förderraum vorhanden
- _______________ verfügt über folgende Ausbildung/Fortbildungen: ____
- Gutachten/Nachweise über Team Hundeführer-Hund sind einsehbar

Ich möchte Ihrem Sohn/ Ihrer Tochter _____________ geboren am ________

ab _________ wöchentlich eine hundgestützte sprachheilpädagogische Förderung anbieten, um seine/ihre kommunikativen Fähigkeiten positiv zu unterstützen.

Hierzu füllen Sie bitte nachfolgenden Fragebogen aus und stimmen der Förderung durch Ihre Unterschrift zu.

- -

Vor- und Nachname des Kindes: ____________________________________

Geburtsdatum: ____________________________________

Mein Sohn/meine Tochter leidet unter einer Tierhaar-Allergie.
□ ja □ nein □ unbekannt

Ich befürchte, dass mein Kind Angst haben wird.
□ ja □ nein

Ich bin mit der Teilnahme an der hundgestützten Förderung einverstanden.
□ ja □ nein □ persönliches Informationsgespräch erforderlich

Datum/Unterschrift Erziehungsberechtigte/r: ____________________________________

KOHL VERLAG Hundgestützte Sprach- und Leseförderung Ideen und Anregungen aus der Praxis für die Praxis – Bestell-Nr. 11 756

Literatur- & Quellenangaben

Agsten, L.: HuPäSch. Hunde in die Schulen – und alles wird gut!? Norderstedt: Books on Demand 2009.

Baumgartner, S.; Füssenich, I. (Hg.): Sprachtherapie mit Kindern. München: Ernst Reinhardt Verlag 2002.

Beetz, A.: Hunde im Schulalltag. Grundlagen und Praxis. München: Ernst Reinhardt Verlag 2012.

Beetz, A.; **Heyer**, M.: Leseförderung mit Hund – Grundlagen und Praxis. München/Basel: Ernst Reinhardt Verlag 2014.

Beetz, A. (et al.): The Effect of a Real Dog-Toy Dog and friendly Person on insecurely attached children during a stressful task. An exploratory study. In: Anthrozoös 24 (2011) 4, S. 349-368.

Bundesministerium für Bildung und Forschung (BMBF): Förderung von Lesekompetenz. Expertise. Berlin 2007.

Costard, S.: Störungen der Schriftsprache. Modellgeleitete Diagnostik und Therapie. Stuttgart: Thieme Verlag 2007.

Diehl, K.: Lesenlernen unter erschwerten Bedingungen im Anfangsunterricht – Leselehrwerke im Vergleich. In: Zeitschrift für Heilpädagogik 61 (2010) 3, S. 109-117.

Edlinger, H.; **Hascher**, T.: Von der Stimmungs- zur Unterrichtsforschung: Überlegungen zur Wirkung von Emotionen auf schulisches Lernen und Leisten. In: Unterrichtswissenschaft 36 (2008), S. 55-70.

Eisenberg, Peter: Phonem und Graphem. In: Duden. Die Grammatik. Mannheim: Bibliographisches Institut & F.A. Brockhaus AG 2005, S. 19-94.

Forster, M.; **Martschinke**, S.: Leichter lesen und schreiben lernen mit der Hexe Susi. Diagnose und Förderung im Schriftspracherwerb. Donauwörth: Auer Verlag 2011.

Fox-Boyer, A: P.O.P.T. Psycholinguistisch orientierte Phinologie-Therapie. Idstein: Schulz Kirchner Verlag 2014.

Friedmann, E. (et al.): Social interaction and blood pressure: Influence of animal companions. In: Journal of Nerveous Mental Diseases 171 (1983), S. 461-465.

Freund, K.: Welcher Hund eignet sich am besten für tiergestützte Interventionen. In: tiergestützte 2 (2013), S. 13-17.

Füssenich, I.; **Löffler**, C.: Schriftspracherwerb. Einschulung, erstes und zweites Schuljahr. München: Ernst Reinhardt Verlag 2005.

Grohnfeld, M. (Hg.).: Lehrbuch der Sprachheilpädagogik und Logopädie. Band 2. Erscheinungsformen und Störungsbilder. Stuttgart: Kohlhammer Verlag 2003.

Hessisches Kultusministerium (Hg.): Lese-Info 1: Was ist Lesen?. Wiesbaden 2007.

Holler-Zittlau, I. (et al.): Marburger Sprach-Screening für 4- bis 6-jährige Kinder (MSS). Ein Sprachprüfverfahren für Kindergarten und Schule. Buxtehude: Persen Verlag 2013.

Jablonowski, K.: Co-Pädagoge Hund. Lernbegleiter auf vier Pfoten. Kerpen: Kohl-Verlag 2012 *(Best.-Nr. 11 348).*

Julius, H.: Wie Kinder lernen. In: Dogs 12 (2008) 6, S. 64-70.

Krowatschek, D.: Kinder brauchen Tiere. Wie Tiere die kindliche Entwicklung fördern. Düsseldorf: Patmos 2007.

Mars Heimtier-Studie 2013. Hund-Katze-Mensch. Die Deutschen und ihre Heimtiere.

Möller, J.; **Schiefele**, U.: Motivationale Grundlagen der Lesekompetenz. In: Schiefele, U. et al. (Hg.): Struktur, Entwicklung und Förderung von Lesekompetenz. Vertiefende Analysen im Rahmen von PISA 2000. Wiesbaden: Verlag für Sozialwissenschaften 2004, S. 101-124.

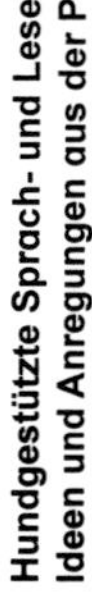

Olbrich, E.; **Otterstedt**, C.: Menschen brauchen Tiere. Grundlagen und Praxis der tiergestützten Pädagogik und Therapie. Stuttgart: Kosmos 2003.

Prothmann, A.: Tiergestützte Kinderpsychotherapie. Theorie und Praxis der Tiergestützten Psychotherapie bei Kindern und Jugendlichen. Frankfurt: Peter Lang europäischer Verlag für Wissenschaften 2007.

Richter, K.; **Plath**, M.: Lesemotivation in der Grundschule. Empirische Befunde und Modelle für den Unterricht. München: Juventa 2007.

Rothenhöfer, U. (Hg.): Lesehefte und Unterrichtstipps. Hannover: Lesebaum Verlag 2006.

Rugaas, T.: Calming Signals. Die Beschwichtigungssignale der Hunde. Bernau: Animal Learn Verlag 2001.

Scheerer-Neumann, Gerheid: Schriftspracherwerb: „The State of the Art" aus psychologischer Sicht. In: Huber, Ludowika et al. (Hg.): Einblicke in den Schriftspracherwerb. Braunschweig: Westermann Schulbuchverlag GmbH 2003, S. 31-46.

Schründer-Lenzen, A.: Schriftspracherwerb und Unterricht. Bausteine professionellen Handlungswissens. 2. Auflage. Wiesbaden: Verlag für Sozialwissenschaften 2007.

Schwarzkopf, A.; Olbrich, E.: Tiergestützte Pädagogik. Lernen mit Tieren. In: Olbrich, E.; Otterstedt, C. (Hg.): Menschen brauchen Tiere. Grundlagen und Praxis der Tiergestützten Pädagogik und Therapie. Stuttgart: Kosmos 2003, S. 253- 272.

Schwarzkopf, A.: Handreichung zur Planung Tiergestützter Therapie aus hygienischer Sicht. Institut Scharzkopf, 2011.

Theby, V.: Verstärker verstehen. Über den Einsatz von Belohnung im Hundetraining. Nerdlen/Daun: Kynos Verlag 2011.

Vanek-Gullner, A.: Lehrer auf vier Pfoten. Theorie und Praxis der hundgestützten Pädagogik. Wien: G&G Verlagsgesellschaft 2007.

Vernooij, M.; Schneider, S.: Handbuch der Tiergestützten Interventionen. Grundlagen, Konzepte, Praxisfelder. Wiebelsheim: Quelle & Meyer 2008.

Weinrich, M.; **Zehner**, H.: Phonetische und phonologische Störungen bei Kindern. Aussprachetherapie in Bewegung. Heidelberg: Springer 2011.

Westedt, H.: Schreck lass nach! Der Einfluss von Stress und Angst auf Gehirn und Verhalten. Cum Cane 2013.

Internetadressen:

- aat-isaat.org
- amazon.de
- basteln-de.butinette.com
- esaat.org
- guidancefacilitators.com/four-legged-therapist.pdf
- haba.de
- hebaecker-lehrmittel.com
- iahaio.org
- ireadwithdogs.ca
- jack-b.de
- lesebaum.de
- lesehund.de
- mytoys.de
- petpartners.org
- prolog-therapie.de
- ireadwithdogs.ca
- schulhundweb.de
- therapyanimals.org
- tierschutz-tvt.de

Kinderbücher und Unterrichtswerke – Beispiele:

Altes, M.: Nein! Köln: Bungarten

Ball, S.: Der kleine Hund sucht...Ein Tiersteckbuch. München: Middelhauve Verlags GmbH

Baltscheit, M.; **Kamm**, K.: Hauptsache es wird kein Hund. Zürich: Bajazzo Verlag

Boie, K.: Linnea findet einen Waisenhund. Hamburg: Verlag Friedrich Oetinger

Boie, K.: Ein Hund spricht doch nicht mit jedem. Hamburg: Verlag Friedrich Oetinger

Braun, A.; **Kraushaar**, S.: Guten Tag kleiner Hund. Erster Leseerfolg. Bindlach: Loewe Verlag

Brockmann-Fairchild, J.: Labradors are lovely. Schaffhausen: Schubi Verlag

Byrne, R.: Hilfe, dieses Buch hat meinen Hund gefressen. Weinheim: Beltz Verlag

Frey, J.; **Stubner**, A.: Hundegeschichten. Erster Leseerfolg. Bindlach: Loewe Verlag

Friedrich, K.: Jona und Mira. Jona wünscht sich einen Hund. Stephanskirchen: nikalog Verlag

Grundel, H.: Der Struwwelköter. Nerdlen: Kynos Verlag

Hawkins, C.; **Hawkins**, J.: Das Hundebuch für Kinder. Arau: KBV Luzern

Heinrichs, T. (Hg.): Lesestrategien – Meilensteine Deutsch. Donauwörth: Auer Verlag (verschiedene Schwierigkeitsstufen)

Kramer, L.; **Ackroyd**, D.: Chaos mit Mick und Muck. Gnadau: Pagna

Kücük, N.; **Langer**, P.: Lucy liebt Börek. Offenburg: Mildenberger Verlag

Löhlein, H.: Schnapp sie dir. Eine Krimigeschichte in Bildern. Stuttgart: Thienemann Verlag.

Naber, A.; **Latorre**, S.: Hund. Das kreative Sachbuch. Dietzenbach: ALS Verlag

Neudert, C.: Tierfreundgeschichten – Leserabe. Ravensburg: Mildenberger Verlag

Nöstlinger, C.: Hundegeschichten vom Franz. Hamburg: Verlag Friedrich Oetinger

Onishi, S.: Wer versteckt sich? Frankfurt: Moritz Verlag.

Panzacchi, C.: Hundebabys. Ganz nah dran. München: cbj

Pin, I.: Ein Tag mit mir. Zürich: Bajazzo Verlag

Richter, J.: Ich bin hier bloß der Hund. München: Carl Hanser Verlag

Rothenhöfer, U. (Hg.): Lesehefte und Unterrichtstipps. Hannover: Lesebaum Verlag

Schröder, P.: Camillo, ein Hund macht Ferien. München: cbj

Slotta-Bachmayr, L.: Bello, der Schulhund. Wien: C&G Verlagsgesellschaft

Spengler, C.: Hund und Katze. Rostock: Hinstorff Verlag

Usatschow, A.: Emma stellt alles auf den Kopf. München: NordSüd

Vrancken. K.: Cheffie ist der Boss. Weinheim: Beltz Verlag

Whitehead, S.: Das Hundebuch für Kids. Stuttgart: Kosmos Verlag

Willig, F.: Lucky der Weimaraner. Hannover: Verlag Jürgen Reimann

Yates, L.: Von Hunden und Büchern. Hildesheim: Gerstenberg Verlag

Dank

Ich danke der Schulleitung der ***Freiherr-von-Schütz Schule*** in Bad Camberg für die Offenheit, Mogli in der Schule einzusetzen. Die idealen Rahmenbedingungen lassen ganz besondere hundgestützte Förderstunden zu.

Auch Danke ich Ricarda Bäcker von HUPÄD Berlin, die immer wieder ein offenes Ohr und hilfreiche Tipps für mich hatte.

Mogli, danke, dass du zu uns gefunden hast.

„Einen Hund interessiert es nicht, ob du reich bist oder arm, clever oder dumm, pfiffig oder doof. Wenn du ihm dein Herz schenkst, schenkt er dir seins. […] Wie viele Menschen können einem das Gefühl geben, selten, echt und besonders zu sein? Wie viele Menschen können einem das Gefühl geben, außergewöhnlich zu sein"

(Filmzitat aus: Marley und ich – John Grogan).

Über ein Feedback zum Buch sowie Anregungen und Verbesserungsvorschläge freue ich mich sehr!

christina.schuessler83@web.de